1405

Galsan Tschinag

„Ohne die Tat ist alles nur Geplapper ..."
Häuptling, Schamane, Dichter und
Wanderer zwischen den Welten
im Gedankenspiel mit Andreas Burhorn
Mongolei, Mai bis Juni 2013

info@j-kamphausen.de

Autoren: Andreas Burhorn – Galsan Tschinag
Fotografie: Andreas Burhorn | Annegrat Ansah – Seiten 38-39, 132
Interviews: Andreas Burhorn
Lektorat: Hartmut Angermann, Evelyn Seidel
Satz & Layout: Evelyn Seidel – www.mango-office.de

Druck: Westermann Druck Zwickau
Verarbeitung: Buchbinderei Terbeck Coesfeld

1. Auflage 2015
www. weltinnenraum.de

Bibliografische Information der Deutschen Nationalbibliothek
Die Deutsche Nationalbibliothek verzeichnet diese Publikation in der Deutschen Nationalbibliografie; detaillierte bibliografische Daten sind im Internet über http://dnb.d-nb.de abrufbar.

ISBN 978-3-89901-908-7

Dieses Buch wurde auf 100% Altpapier gedruckt und ist alterungsbeständig. Weitere Informationen hierzu finden Sie unter
www.weltinnenraum.de

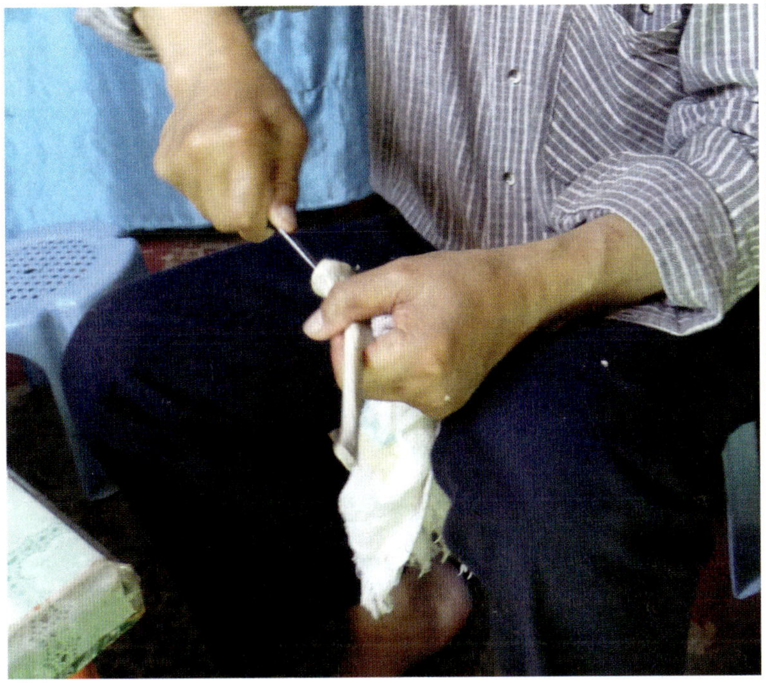
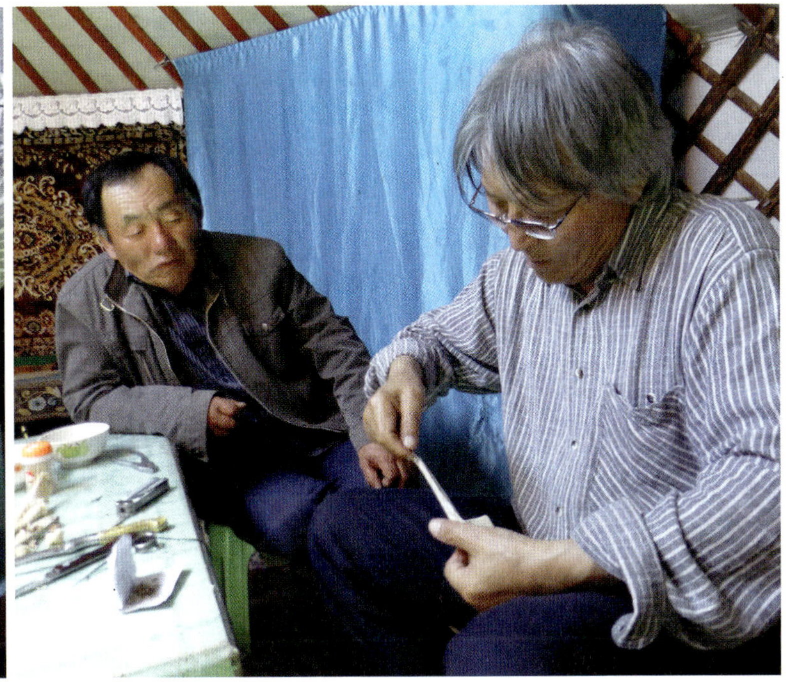

Galsan Tschinag

Häuptling, Schamane, Dichter und
Wanderer zwischen den Welten
im Gedankenspiel mit Andreas Burhorn
Mongolei, Mai bis Juni 2013

Inhaltsverzeichnis

Vorwort

Im Herzen dieses Buches dreht sich vieles um den Mut:

den Mut – unverschämte Visionen zu entwickeln
den Mut – große Ideen in die Tat umzusetzen
den Mut – für eine bessere Welt zu kämpfen
den Mut – Menschen zu berühren
den Mut – sich selber ins Auge zu schauen
den Mut – sich anderen zu offenbaren
den Mut – bei allen Erfolgen demütig zu bleiben

Galsan Tschinag ist für mich ein mutiger Mensch – ein Mensch, der mich von unserer ersten Begegnung an mit der Vielfalt seiner Facetten und Rollen, mit seiner Art im Leben unterwegs zu sein, begeistert hat.
Aus dieser ersten Begegnung erwuchs eine Freundschaft – und daraus jene Einladung, die mich in die Mongolei geführt hat. Dort hatten Galsan Tschinag und ich fast drei Wochen Zeit, miteinander Gespräche zu führen.
Gespräche und Reflexionen, die sich oft der von mir vorgedachten Dramaturgie entwunden haben: „Andreas vergiss Deinen Regieplan, der macht Dich nur zum Knecht – sei einfach situativ und aufmerksam mit deiner Kamera dabei!“
Dieses Buch ist ein „Hörbuch“ im wahrsten Sinne des Wortes geworden. Durch die vorher nicht abgesprochenen Interviewfragen – sind alle Texte O-Töne – durch die redaktionelle Nachbearbeitung nur ganz sanft „geglättet“.
Es ist bewusst auch ein „Bilder-Buch“ geworden, weil für uns beide Bilder Unaussprechliches darstellen können, und eine eigene Kraft und Aussage ausstrahlen und das Herz ansprechen – wo die Sprache allein nicht hinreicht.

Mongolei, Mai bis Juni 2013

Nicht zuletzt ist dieses Buch ein „Spiegel“. Es spiegelt uns „Westlern“ – im Kontrast zur Lebenswelt der Nomaden – unsere Form des „In-der-Welt-Sein“, unseren Kulturrahmen wider: Das, was wir gewonnen und verloren haben. Es macht uns nachdenklich über das scheinbar „Selbstverständliche“. Mit diesem Spiegel eröffnet uns Galsan Tschinag mehr Achtsamkeit und neue Möglichkeiten, das eigene Leben reicher zu machen: mit Liebe, Respekt, Mut, Achtsamkeit und Humor.
Ich danke Dir dafür – lieber Galsan!

Ganz viel Spaß bei Ihrer Bilder- und Leseentdeckungsreise
wünscht Ihnen,

Meine Wurzeln

Mein Vater war Häuptling einer Sippe. Also Sippenhäuptling. War Dschingis Khans Vater auch. Häuptling, das ist der weltliche Führer einer Großfamilie. Dann hatten wir in der eigenen Sippe auch eine Schamanin, das muss sogar die ruhmreichste in den Gefilden zu der Zeit gewesen sein.

Das ahnten wir schon damals, wussten, sie war bei vielen gefürchtet und verehrt von fast allen. Wer, aus welchem Grund auch, von auswärts zu unserem Ail kam, konnte vor ihr, unserer Schamanin, schnell klein werden. Selbst große, erwachsene Männer bekamen im Gespräch mit ihr tiefernste Gesichter und leise, ja oft zittrige Stimmen. Und dann noch etwas vom Belang: Mein Vater war von Herkunft her reich. Seine Vorfahren waren es alle. Also gehörten hier drei Dinge zusammen: Häuptling, Schamanin, Reichtum. Doch was heißt da reich sein? Es ist gar nicht viel mehr als das, dass seine Vorfahren etwas mehr Tiere besaßen, also deutlich größere Herden als die anderen Familien hatten. Aber dennoch, in der sonst so ebenen Lebenssteppe des Nomadentums bildeten wohl diese zusammengefallenen drei Dinge schon eine Anhöhe, auf der unsereiner sicher und sichtbar zu stehen vermochte. **Ich wurde in das Häuptlingstum, das Schamanentum und den Reichtum hineingeboren, und das waren mir wohl so kleine Starthilfen.** Ja, das habe ich recht früh zu spüren bekommen. Und das muss mir von Anfang an eine gewisse Handlungsfreiheit verliehen haben. Zumindest halte ich es für den Grund, weshalb ich so früh habe anfangen können, zuerst auf die gewöhnliche und später auf eine ungewöhnliche Art und Weise wieder und weiter zu schamanen, das heißt zu dichten.

Ohnehin möchte ich in der Reichweite meiner Nabelschnur bleiben, wo ich einst hingefallen bin.

Ich müsste doch zunächst ein ganz gewöhnliches Wesen gewesen sein, ein hilflos schwaches Kind. Dabei sehe ich mich genötigt, zu Protokoll zu geben, dass ich von den vier Kindern, die meine Mutter zuletzt geboren hat, als einziges habe überleben dürfen. Und wie jedes andere Kindswesen werde ich wohl dann auf Schritt und Tritt gesehen und gespürt haben, wem ich da gegenüberstand: einer gewaltigen Natur und vielen Geschöpfen, die, verglichen mit mir, alle mächtiger waren. Ja, alle waren stärker, selbst die vor kurzem auf der Welt erschienenen Lämmchen erwiesen sich mir gegenüber als kräftiger, schneller und robuster.

Die Zivilisierten reden, wenn sie es gut mit uns meinen, von Naturkindern, die wir seien. Ich weiß und weiß es nicht, wie weit wir es sind. Denn auch wir sind längst beeinflusst von diesem und jenem, im Unterschied zu den Lämmern und Kälbern. Und selbst da muss ich einschränken, heutige Lämmer und Kälber sind nicht ganz zu vergleichen mit denen aus Zeiten der Vorfahren. Denn ich habe während meines Erdendaseins beobachten können, der Zeitstrom bearbeitet nicht uns, das Menschenvolk, einzig, sondern alles, alles – so auch die Völker von Schafen und Yaks, so deren Nachkommen.

Doch, was soll's, ich stelle mich auch den Erwartungen und Behauptungen anderer Leute geduldig hin. Ich kann schon mit dem leben, was sie mir zuteilen. Wobei das, was uns in dem Falle zufällt, nichts weiter als eine edle Rolle ist.

Ohnehin möchte ich in der Reichweite meiner Nabelschnur bleiben, wo ich einst hingefallen bin. Dort liegen meine Wurzeln. Und ohne die würde ich schnell einem abgebrochenen und vertrockneten Ast gleichen. Und ich bin eigentlich immer bei den Wurzeln geblieben. Also, ich lebe gerne in der Welt, die mich von Anfang an umgeben hat. Auch, wenn ich seit langem hier in der mild beheizten Stube zu hocken und vor einem PC zu schwitzen pflege, sind meine Gedanken dauernd in der kargen, kahlen, kalten Höhensteppe des Altai.

Nomaden

Der Nomade ist das Kind, der Freund und der Hüter der Natur.

Schönheit ist Gabe, Erfolg ist Wille.

Der Nomade ist, wie manche Städter von uns denken mögen, nicht der Name irgendeines vor Schmutz starrenden Dürftigen, eines beliebigen schreib- und leseunkundigen, Fett und Fleisch fressenden, Milch und Schnaps saufenden Primitiven. Kein Simpler schlechthin. Gewiss gibt es auch unter den Nomaden nicht besonders Intelligente. Aber gerade in den Unscheinbaren steckt sehr oft eine verblüffend scharfe Intelligenz. Im Deutschen heißt es doch Bauernschläue. So können Nomaden oft erstaunlich schlau sein. Nomade sein heißt vor allem Standhaftigkeit und bei den Wurzeln bleiben. **Die Hellsicht, den Wert des Ursprünglichen zu erkennen und den Weg zum tieferen Sinn des Daseins einzuschlagen. Der Mut, das Wahre zu vertreten und nach der Weisheit zu suchen.**

Der Nomade ist das Kind, der Freund und der Hüter der Natur. So weiß er, mit ihr zusammen in die eigene Höhe, Breite und Tiefe gleichzeitig zu wachsen. Nicht allein Buddha ist erleuchtet worden. Nicht nur sind Mahatma Gandhi, Albert Schweitzer und andere groß gewesen. Zu großen Menschen mit göttlichen Zügen haben sich viele entfaltet. Und zu diesen gehören unbedingt unzählig viele Nomaden. Warum? Weil sie einfach richtig gelebt und so den Gipfel des menschlich Möglichen erreicht haben. Der Schöpfer erschafft uns eigentlich von Anfang an vollkommen. Wer nicht von der vorgezeichneten Bahn abspringt, hat jeden Grund, ein menschlich würdevolles Leben zu führen. Will man die nomadische Lebensphilosophie kennenlernen, hält man sich am besten an die Sprichwörter. Eines davon lautet: Schönheit ist Gabe, Erfolg ist Wille.

Wer etwas wirklich will, kann Schritt um Schritt wachsen.

Wenn auch die Erleuchtung, die der Buddhist anstrebt, nicht für jedermann erreichbar ist, so können einige, die wir als winzige, schleimige Krümelchen die Menschengestalt annehmen, die dann als kleine, unscheinbare Klümpchen im Lebensfluss schwimmen, eines Tages sichtbar für alle auf einem Hügel stehen. Und manch einer, der sich ans Ziel besonders wacker gehalten hat, ragt am Ende aus der Menschenmenge heraus gleich einem Berg. Darum reden wir vom Menschenberg. Wie ein Kalb in einem Tiergehege ein Rind ist, bleibe ich innerhalb jeder Menschenmasse ein Nomade. Nun, wie ist dieser Nomade?

Er ist sparsam. Er ist genügsam. Er ist strebsam.

Das ist er immer, wenn es um ihn selber geht. Die Jurte ist kein zum Bersten gefüllter Speicher. Doch kommt es hin und wieder vor, dass sie doch recht voll steht von manchen Mengen Fleisch und manchen Kübeln mit Kumys und Schnaps. Auch da weiß der Nomade, dass er mit all dem sparsam zu verfahren hat. Er ist gehorsam. Er ist behutsam. Er ist lenksam. Und das alles ist er dort, wo er sich einer Übermacht wie dem Himmel, dem Staat, dem Fluss Homdu gegenübersieht. Sich seiner Grenzen bewusst und Maß haltend.

Auch in der Stadt hier, wo ich mich eines bescheidenen Wohlstands erfreuen darf, erlaube ich mir weiterhin nur zwei Mahlzeiten am Tag: einen Morgentee mit etwas Gebäck und ein warmes Fleischgericht, wie Nudeleintopf, am frühen Nachmittag. Manchmal meldet sich gegen Abend eine kleine Lust, etwas zu knabbern, doch ich negiere sie mit einem kleinen Lächeln nieder und erinnere mich schnell an die Worte des Dshirik Gulak: **Gelingt es dir, dich selber zu besiegen, dann bleibst du unbesiegbar.**
Dschirik Gulak, das war ein großer Weiser, der aus unserem Volk hervorging, ein wahrer Menschenberg. Es hat geheißen, er sei gestorben. Und das war vor gut vierzig Jahren. Aber ich selber sah es nicht. Und mir ist, er hat in mir Wohnung bezogen. Denn sooft ich Rat brauche, höre ich seine unverwechselbare Stimme.

Ein Menschenberg ist ein Erleuchteter,

gelandet bei seiner möglichen Höchstleistung. Er kennt weder Angst noch Bitternis. Hat einen sonnenhellen Geist, ein milchweiches Gemüt und eine atemwarme Seele. Auch wenn er winterlich kalte Hände und Füße haben sollte, um sein inneres Wesen weht ständig eine sommerlich warme Brise. **So einen Menschen soll und kann man nicht beleidigen, nicht kränken.** Wenn ein Blöder über ihn Ungutes redet, tut der Gemeinte nichts eiliger, als ihm es schon zu verzeihen. Denn die Gabe zu verzeihen gehört zu allen großen Wesen. So sind große Sieger schnell bereit zu verzeihen, aber nur kleine, dumme, giftige Wesen freuen sich, wenn sie einen unterm Knie spüren.

So und ähnlich pflegen wir unsere Gedanken durch den Lebensalltag zu wälzen. Also ist der Nomade ein ewiger Schüler der Fachrichtung Philosophie an einer Universität, die Universum heißt, die Schöpfung heißt und die Dasein heißt. Und so denke ich, wenn es unter Sonne und Mond und den unzähligen Gestirnen immer noch im 21. Jahrhundert glückliche Menschen geben sollte, darunter sind unbedingt ein paar Steppennomaden.

Nomaden sind im Besitze vieler guter Eigenschaften – gewiss auch einiger hässlicher. Sie sind von ihrer Natur aus kindisch neugierig, was eigentlich etwas Positives ist.

Und so hatten sie immer die Voraussetzung, wach und flink zu bleiben, in der Lage, gut zu arbeiten und bei Gefahr sich zu erhalten.

Aber dies führt sie manchmal auch zu Verderblichem. So ahmen sie heutzutage vieles blindlings nach, was die Städter tun. Das vor allem in der Küche. Sie essen neuerdings zu viel, stopfen sich voll wie noch nie. Denn wir Nomaden haben von Jahrhundert zu Jahrhundert mit höchstens zwei Mahlzeiten gelebt, manchmal mit einer Mahlzeit, manchmal auch nur alle zwei, drei Tage. Aber keiner war deswegen verhungert. Und dafür sind sie gesund geblieben, schlank, sehnig und flink. Und so hatten sie immer die Voraussetzung, wach und flink zu bleiben, in der Lage, gut zu arbeiten und bei Gefahr sich zu erhalten.

Aber heute: Die essen, essen, essen. Süßes Zeug, ungesund, Billigfutter aus China, Junk. Und die trinken. Also wenn die einmal angefangen haben zu trinken, dann trinken die so lange, bis sie unten liegen, bewusstlos, völlig bewusstlos, ausgeschaltet, atmend, kotzende Fleischklumpen. Und dann das auch noch: Schaut man auf die rechte Türseite der Jurte, da sieht man ein Handtuch hängen, offensichtlich seit Tagen, Monaten nicht gewaschen. Die sehen so verdreckt aus und oft auch zerfranst. Wobei ein Handtuch nur einen Bruchteil von dem gesoffenen Wodka, dem gefressenen Fleisch kostet.

Mongolei – unsere Welt heute

Über die Geschichte jedes Landes, so auch der Mongolei, lässt sich alles Mögliche sagen. Was genau das ist, hängt davon ab, wer da spricht und zu welchem Ziel er es tut. Also, über unser altes, geschichtsträchtiges Land ist in den letzten Jahren so viel Beifälliges wie auch Aussetzendes gesagt und geschrieben worden. Wobei das Erstere die dschingisisch blauen sieben Jahrhunderte und das Letztere die revolutionär roten sieben Jahrzehnte betrifft. Und jede dieser Behauptungen war auf eine Art einseitig. So kann das, was ich nun von mir geben werde, auch nicht ganz frei von jener Befangenheit sein, aber ich werde gleich auch den Grund nennen, wieso ich solches tun will: **In der letzten Zeit ist die rohe Gewalt, die Seele unserer früheren Geschichte, so sehr verherrlicht worden, und nun möchte ich dagegen den Geist stellen.** Vom Winkel des Geistes also war die bevölkerungsarme, materiell schwache Mongolei im Begriff, zu einer Wohnstätte des Wissens zu werden. Jeder hatte zu lernen, zu lernen und nochmals zu lernen, wie der Revolutionsführer Lenin es uns ans Herz gelegt hatte. Und dafür musste man viel lesen. So war man leselustig, lesehungrig, lesewütig. Das war unsere Wirklichkeit vor 20 Jahren. Und davon ist immer noch etwas geblieben.

Ja, so manche älteren Menschen, darunter auch einfache Nomaden, haben in sich mehr Wissen gespeichert als Hochschulprofessoren, Philosophen an manchen anderen Ecken des Planeten.

Wieso treten denn die Nomaden, diese einfachen Jäger, Schäfer, Wächter, mit solchem Wissen auf?

Hinzu kommt, dass unsere Menschen auch noch von alters her erzählen und zuhören können. Dieser vom kommunistischen Weltexperiment beeinflusste nomadisch-mongolische Hintergrund erschafft ein für viele europäisch-amerikanische Geister unglaubwürdiges Spielfeld. Nämlich, ich werde von so manchen meiner Lektoren schnell kritisiert, unrealistisch mit dem Leben zu verfahren: Wieso treten denn die Nomaden, diese einfachen Jäger, Schäfer, Wächter, mit solchem Wissen auf? Wo sie doch in ihrer Abgeschiedenheit zu so feinen Urteilen über fern liegende Dinge unmöglich gelangen könnten! Die Wahrheit aber ist: Das Nomadenvolk ist von seiner Natur her aufgeschlossen, wissbegierig und handlungslustig. Und hinzugekommen ist dann der Lese- und Lernzwang, der ihnen der allmächtige, rechthaberische Staat auferlegt hat. Also war ein nahrhafter Boden für den Dilettantismus erschaffen. Und es gehörte einfach zum guten

Ton, dass ein jeder sich auf Schritt und Tritt Wissen, so aber auch manche praktischen Fertigkeiten beizubringen trachtete. Das Ergebnis: ein Volk von lauter Dilettanten, die an Fachleute bis zu einer gewissen Nachbarschaft zu rücken vermochten, ohne es freilich zu schaffen, sie gänzlich zu ersetzen. In jener Ära der Geschichte hatte alles Russische einen himmelhohen Wert. Das Sinnwidrige dabei war, dass das Wort „russisch“ selber außerhalb der Sprache mit der Zeit politisch nicht weniger salonfähig wurde. Denn besser passte da „sowjetisch“. Der Sowjetmensch war de facto der Übermensch. Die hervorragende Besonderheit dieses zeitgebundenen Übermenschen sollte die vielseitige Belesenheit sein, was auf Russisch *krugasor* hieß. Jeder in der Mongolei, der sich für wen hielt, pflegte damals beim Sprechen wie auch beim Schreiben die Rede und den Text mit möglichst vielen Russizismen auszuschmücken, wie heute mit Anglizismen. Also war das Erlangen eines breiten „Krugasor“ das Endziel der lesewütigen Mongolen. Ich bin einer, der diesen heroisch-komischen Werdegang mit eigenem Körper hat auskosten müssen, ja auch dürfen. Und was soll ich verheimlichen, dass ich in der ersten Phase meiner Berührung mit der westlichen Welt, sosehr ich gewisse Schläue und Geschicklichkeit der dortigen Bevölkerung bewunderte, über ihre Nichtbelesenheit und Unerfahrenheit jedoch auch erschrak. Und später, als ich in so manchen Verlagsräumen mit so manchen Lektoren verhandelte, spürte ich, dass die angelesenen Kenntnisse und angeeigneten Fertigkeiten des Dilettanten in mir mein Gegenüber störten. Da verfluchte ich wohl ein- oder zweimal im Stillen meine sozialistisch-nomadische Vergangenheit samt dem angeborenen Fleiß in mir, die mich in ein Arbeitstier verwandelt haben. **Da war mir, als sehnte ich mich nach einem anderen Leben, das dann möglicherweise ein nach Herzenslust freies gewesen wäre – vielleicht so, wie Außenstehende sich das Leben der Naturkinder vorstellen.**

Öfters aber pflegten meine Gedanken in die Gegenrichtung zu gehen. Ich bedauerte die Ahnungslosen und war dem Schicksal dankbar, dass mir gerade dieses Leben beschieden war. Und wer so denkt, der bleibt natürlich höflich. Nur einmal drohte ich, unhöflich zu werden. Und dies, als mein Gegenüber eine Bemerkung machte, die in meinem Ohr verdächtig dumm und auch noch überheblich erklang. Da schälte sich meiner Hirnrinde ein ebenso dummer und überheblicher Gedanke ab. Zum Glück sprach ich ihn nicht aus. Doch schlimm genug, dass ich es gedacht habe – nach Buddhas Lehre sündigt man nicht nur mit Körper und Zunge, sondern auch mit Gedanken.

Und der Gedanke lautete:

Oh, versucht doch, ihr eingebildet blöden europiden Hirne, zu Hunderten und Tausenden gegen ein einziges mongoloides Hirn anzukommen!

Nun gut, jedwedes zu seiner Zeit. So ging auch unsere Ära zu Ende.

Und da war das Nationale gefragt. Und über Nacht wandelte sich die rotmongolische Nomenklatura in eine blaumongolische Nationalistenhorde. Der erste demokratisch gewählte Präsident Otschirbat tunkt eines Tages seine Hände ins Roh-Erdöl, gerade gebohrt aus mongolischer Erde, drückt sie dann gegen seine Brust. Der schöne Deel aus sicher sehr feinem hellem Tuch bekommt augenblicklich die dunklen Spuren der Hände mit gespreizten Fingern. Womit seiner Exzellenz die genau richtige Geste gelang. Denn in alten, schon einmal überwunden geglaubten Zeiten pflegte man solches tatsächlich zu tun, um seine Freude und Ehrfurcht zu bezeugen angesichts einer großen Gabe, die einem widerfuhr. Das mit dem Präsidenten und seinem Deel, der eines Tages bestimmt zu einem einzigartigen Ausstellungsexponat im Geschichtsmuseum werden wird, war vor über zwei Jahrzenten. Nur, bis jetzt ist aus der so hoffnungsvollen Entdeckung nicht viel geworden. So viel nur:

Wir geben das Rohöl einfach nach China weg. Die Chinesen gewinnen daraus Benzin und verkaufen es dann teuer an die Mongolei zurück.

Das stand erst vor zwei, drei Wochen im Internet, dass wir jetzt dauerberechtigt sind, das Benzin vom eigenen Erdöl zurückzubekommen, jeden Monat 10.000 Tonnen. Das ist zwar nicht viel, aber besser als nichts, ein erster Anfang. So kraftlos ist die mongolische Gesellschaft geworden. Warum? Weil, die Machthaber lediglich daran gearbeitet haben, sich selbst zu bereichern.

Heute auf der einen Seite eine verschwindend kleine Bande von Reichen, denen der überwiegende Teil des ganzen Nationaleinkommens gehört, und auf der anderen Seite die große verarmte Menschenmenge, das niedrige Volk.

Mittlerweile gibt es nicht nur Dollar- und Euromillionäre, sondern auch schon Milliardäre. Wenn man überlegt, vor zwanzig Jahren gab es in der Mongolei weder herausragende Reiche noch herunterfallende Arme. Dafür lebten alle ziemlich mittelmäßig, gleich arm oder gleich reich, wie man es nennen will. Heute auf der einen Seite eine verschwindend kleine Bande von Reichen, denen der überwiegende Teil des ganzen Nationaleinkommens gehört, und auf der anderen Seite die große verarmte Menschenmenge, das niedrige Volk. Und wir Mongolen, die wir uns ja so gern rühmen, Nachkommen des Mannes zu sein, der das klügste unter allen menschlichen Wesen gewesen sei: Dschingis Khan!

Spucken wir nun einmal solche Worte in die Welt hinaus, dann sollten wir doch beweisen, dass wir tatsächlich was können.

... und ihr blausteißigen, reinblütigen Edelmongolen, verwandt auf Blut und Knochen mit dem mächtigen, gottgleichen Dschingis Khan, was macht ihr?

Nur, Beweise wachsen nicht in der Steppe, um sie zu finden, muss man sein Hirn, seine Muskeln anstrengen. Ich, von Anfang an kein Freund des Mundwerks, sondern der Tat, habe bisher zumindest so ehrlich wie auch beschwerlich versucht, mein Hirn anzustrengen, um unter Beweis zu stellen, dass auch unsereiner in der Lage ist, der Menschheit eine Kleinigkeit an geistiger Nahrung beizusteuern. Habe Bücher geschrieben. Nun, da ich meinte, die Vergreisungsbazillen werden eines baldigen Tages auch in meinen Schädel Eingang finden, habe ich mir längst andere Beschäftigungen nebenher ausgesucht, um die allgemeine Not lindern zu helfen.

Spielerei? Gedankenspielerei, die ich absichtlich betreibe, um die edel-stolzen Nachkommen des Dschingis Khan zu necken und zu wecken: Ich, Nachkomme eines eroberten und bis auf den heutigen Tag unterstellten Randvolks, mache dieses und jenes zum Wohle der Mongolei, und ihr blausteißigen, reinblütigen Edelmongolen, verwandt auf Blut und Knochen mit dem mächtigen, gottgleichen Dschingis Khan, was macht ihr? Was leicht nach Angeberei klingt, nicht wahr?

Doch es war bei weitem nicht das Schärfste. Das Schlimmste, das so manchen Stolzen bis zum Aufschrei verletzen könnte, kommt noch. Allein, wer mich da etwa des Größenwahns bezichtigen will, der hat nicht nur mich, sondern auch seine eigene göttliche Verwandtschaft nicht verstanden.

Hier ist es schon, **die Himmelsakupunktur,** so zu verstehen: **Ich will den Himmel von der Erde aus akupunktieren, um ihn zu gesunden.**

Über der Mongolei liegt eine unsichtbare Blockade von Nuklearmüll.

Die Russen haben auf ihrem Versuchsgelände in Semipalatinsk, wie man hört, 476-mal Kernwaffen gezündet. Zwar Tausende von Kilometern entfernt, aber im Abwinde der Giftstrahlen, sitzen wir. Und die Chinesen betreiben ihre Kriegsspiele auch gleich nebenan, in Lobnuur, was dicht an der mongolisch-chinesischen Grenze liegt. Und in der Mongolei sind eigene Urantagebaue, deren Halden einfach in der Steppe herumliegen.

Was heißen will, wir sind samt der Erde unter uns und dem Himmel über uns den Nuklearstrahlen ausgesetzt. Von den Beschwerden der Lebewesen infolge dieser Verseuchung spricht man öfters. Von denen der Erde und des Himmels weniger. Aber wir wissen, sie sind davon mit betroffen. Mein Beweis: die Dürre, die unser Land im letzten halben Jahrhundert plagt, von Jahrzehnt zu Jahrzehnt immer schlimmer. **Nun will ich dem kranken Vater Himmel zu Hilfe kommen,** indem ich die 20 mächtigen Edelstahlrohre meines Regengeräts, das mich Geld und Schweiß gekostet hat, von der Erde aus auf ihn richten, mit dem damit verbundenen, strömenden Wasser Wirbeleffekt erzeuge und so das unsichtbare Gift heruntersaugen lasse. Das Ergebnis: Die Wolkenblockade bekommt an 20 Stellen kleine Poren und diese wachsen, an allen Rändern abbröckelnd, zu immer größeren Löchern. Irgendwann bricht die Mauer in sich zusammen.

Da finden die Wolken der Ozeane auch den Eingang in den Himmelsraum über der Mongolei.

Vaters und Mutters Segen

Am Morgen des Tages, als ich die Heimatecke verließ, bekam ich von meinen Eltern meine Aufgabe in meinem Leben zugewiesen. „Gakaj ist unser Kind“, sagte mein Vater mit Blick auf den drei Jahre älteren Bruder, der neben mir saß und friedlich kaute, „und so wird er sich auch um uns kümmern. Dich aber“, und er schaute mir fest in die Augen, „entlassen wir, auf das du weiterkommst, mehr lernst und auch mehr auf dich nimmst als er und jedes andere Geschwister. Denn du bist des Volkes Kind, und so sind dir der Altai, die Jurte und der Stamm Vater und Mutter.“ – „Seit Generationen, zumindest soweit unser kurzes Gedächtnis zurück reicht, sind deine Vorfahren die Stütze des Volkes an den fünf Flüssen gewesen“, meldete sich meine Mutter, die links von meinem Vater einen halben Hintern weiter zum Herd saß, „und es hat seinen Kopf mit den vorausschauenden Augen und der Entscheidung fällenden Zunge immer in eurer Sippe gesehen.“ Darauf hatte ich nichts zu erwidern. **In unserer Sprache brauchen Worte Stille, um anzukommen.** Mit der Zeit waren sie erst einmal an mich gerichtet, und ich war achtzehn Jahre alt.

„Die Karawane“ – Prolog

Meine Vorbilder

Die große Frau Pürwü, meine Schamanin, wird mir immer Vorbild bleiben. Sie ist mein Leuchtstern. Jeder, der aus seinem Leben etwas machen will, sollte sich solche leuchtenden Sterne suchen.
Ich habe mir zeitlebens immer mächtige Vorbilder zugelegt, wie den großen Universalisten Goethe, den berühmten sperrigen tauben Beethoven und unseren heiligen Berg Haarakan, den Unnennbaren. Dann habe ich diese Dreiheit um weitere Geschwister-Glieder erweitert und zu einer schier unübersichtlich großen Geisterfamilie ausgebaut. Zu ihren markantesten Mitgliedern gehören der liebe Buddha, der arme Jesus, die kleine Jeanne d'Arc, der große Gandhi, der gütige Albert Schweitzer, der geniale Albert Einstein, der göttliche Mozart und viele, viele andere. Das sind alles Geister, die nicht nur über die menschlichen Grenzen hinausgegangen, sondern auch mit mir, dem Irrenden und Suchenden im Grenzgebiet zwischen Hellsinn und Wahnsinn, irgendwie verwandt erschienen. So göttlich groß sie sich mir als Geister auch gebärdeten, herz- und nierennah waren sie mir als Menschen. So zum Beispiel der Wunderknabe aus Salzburg. Das vom Schöpfer zerbrechlich gebaute, ständig kränkelnde Genie hatte schon sehr frühzeitig so Gewaltiges erschaffen, als wenn ein höheres Wesen ständig auf ihn geschaut und über seine zarten Fingerchen jene überirdischen Melodien wie aus einem Füllhorn heruntergeschüttet hätte.

die große Pürwü,
der universelle Goethe,
der sperrige Beethoven,
der heilige Berg Haarakan,
der liebe Buddha,
der arme Jesus,
die kleine Jeanne d'Arc,
der große Gandhi,
der gütige Albert Schweitzer,
der geniale Albert Einstein,
der göttliche Mozart

Obwohl er ein Drittel seiner kurzen Lebenszeit auf Reisen vergeuden und auch ein Großteil der restlichen Jahre, mit Chinin vollgestopft, gegen Fieber und Schwäche ankämpfen musste, hat er es vermocht, was Bleibendes zu erschaffen und den Gipfel des Ruhmes zu erklimmen. Wenn er bei all den Widernissen es geschafft hat, warum soll ich kerngesunder Mensch es in meiner so reichlich vorhandenen Zeit nicht schaffen? Und wer so lebt, wie ich gerade lebe: ständig vor sich einen der höchsten und schönsten Berge der Erdkugel, und dieser bewacht von zwei Genies, Beethoven und Goethe, alle drei in Atemnähe und Blickkontakt, dann muss derjenige schon andere Dimensionen vom Sinn seines Lebens auf Gottes Erde bekommen. Da denke ich, das ist wie ein Mantra in mir, weißt du, aus drei Richtungen auf mich zufließend:

Ruhe, Ruhe, Ruhe – es wird schon werden!

Was der übellaunige Beethoven mit seinem unheilbar beschädigten Gehör nicht alles an Erniedrigungen hat spüren und erleben müssen! Welche Schmähungen Goethe mit seiner ungebildeten Christiane und seinen kirchenfeindlichen Ansichten hat hören und lesen müssen! Und welche Entweihungen unser heiliger Berg hat ertragen müssen! Wie viele unwürdige Alpinisten haben längst auf seinen heiligen Scheitel gepisst und geschissen, und das wird so weitergehen. Aber ich muss nicht auf seinen Scheitel treten, um mich besser zu fühlen, wichtiger zu erscheinen, als ich bin.

Hier unten sitzend, am Fuße dieses Heiligtums wohnend, weiß ich, wir sind eins. Zweige entzweien, Zweige sind Zweiheit, Dreiheit, Vierheit, Vielheit, aber der Stamm, der Wurzelstock sind eins, denke ich. Und das gibt einem Ruhe.

„Ich will Geschichte machen. Die Menschen halten mich für verrückt. Zunächst fast alle, zum Schluss nur noch wenige. Ich weiß, was ich tue, und kein Gerede ist im Stande, mich von dem Weg abzubringen, der vor mir liegt."
Anfangszitat aus „Die Karawane"

AB: Du kennst ja unseren alten, alten, alten Alt-Bundeskanzler Helmut Schmidt – der hat ja mal das Wort geprägt „Wer Visionen hat, der sollte zum Arzt gehen."

GT: (lacht) Sollte der gute Mann es wirklich gesagt haben, dann könnte seinen Kettenraucherlippen solches entrutscht sein und sein gewesenes Kanzler- und immer noch seiendes Unternehmerhirn ein wenig durcheinander gewesen sein. Ja, obwohl er ein toller Kerl ist, möchte ich weder in seine Lunge noch in seine Hirnschale hineinschauen. Tatsächlich, wenn er solches wirklich gesagt haben sollte, ist das ein sehr dummer Satz! Ja, im Gegenteil,

wer Visionen hat, der sollte andere mitziehen!

Der sollte diejenigen, die nur wegen ihrer Visionen zum Arzt wollen, mitziehen und ihnen sagen: „Ich bin derjenige, den ihr braucht, da ich euch beistehen werde".

Visionen

Ein Visionär muss ein Macher sein!

Was habe ich nicht alles versucht, in Bewegung zu setzen? Wenn ich so zurückschaue, aus der Turmhöhe meines heutigen Alters – ich werde demnächst 70 – dann sehe ich:

Ich habe bis jetzt von Visionen gelebt. Alles was ich gemacht habe, ist in direktem oder indirektem Sinne die Folge irgendeiner Vision gewesen.

Ich wollte Schamane werden, bin Schamane geworden. Ich wollte Dichter werden, bin Dichter geworden. Ich wollte ein gebildeter Mensch sein, habe ich mir die Bildung beigebracht. Ich wollte fremde Sprachen erlernen, ich spreche etliche Sprachen. Und ich wollte sogar in diesen fremden Sprachen dichten. Die ersten Verszeilen, die ich niederschrieb, müssen gewiss sehr unbeholfen gewesen sein. Die Leute haben darüber mitleidig gelächelt, aber mittlerweile bin ich zu einem namhaften Autor geworden und auch in der großen Weltliteratur angekommen. Und ich wollte irgendwann auch Bäume pflanzen, die Leute haben da aufgelauscht und wussten nicht, was sie dazu sagen sollten. Mittlerweile stehen 380.000 Bäume bereits, ganze Haine aus Baumjugend. Im Sommer grünen, im Herbst rauschen und im Winter zittern diese meine Haine, die künftigen Wälder. Und jetzt sagt keiner mehr etwas gegen mich, keiner mehr verhält sich so abschätzig wie ganz am Anfang. Mittlerweile sehen und müssen wohl alle glauben: Wenn dieser Wahnsinnige es einmal bis hierher und zu dem und dem gebracht hat, dann wird er es wohl auch zu seiner versprochenen Million schaffen …

Visions-Projekt: Die Karawane

Mein Bruder Galkaan ist der Eltern Kind, und ich bin des Volkes Kind. Und so habe ich all die Jahre immer wieder an uns beide gedacht, die sonst einander immer nah geblieben sind wie Zwillingslämmer. Denn ich habe ständig hellwach darüber nachgedacht, was wird eines Tages aus unserem kleinen Volk werden? Und ich sah, der Untergang kam über uns, drohte uns auszulöschen. Die Menschen wurden immer weniger und weniger an der Anzahl, da sie unaufhaltsam auswanderten. Und ich habe mich jedes Mal darüber geärgert, habe tiefe Schmerzen in mir gefühlt, wenn ich hörte: wieder welche ausgewandert … drei Jurten, 10 Jurten … **Ich wollte dieser Auswanderung ein Ende setzen.** Eines Tages hatte ich dazu die Möglichkeit, ich hatte Geld genug, um eine Karawane zustande zu bringen. Und damit wollte ich den Gestrandeten in der Fremde nach Hause helfen. Das tat ich dann auch. Aber die Idee zu diesem Abenteuer ging ursprünglich aus einer Spielerei hervor. Ich saß in einem bayerischen Biergarten mit meinem Verleger in München und wir phantasierten beide, aneinander neckend. Zuerst fragte ich meinen Gastgeber nach seinem verlegerischen Plan, worauf er augenzwinkernd sagte, er werde seinen Verlag so gewaltig vergrößern, dass der damals noch lebende und herrschende Siegfried Unseld von dem Riesen Suhrkamp-Insel bei ihm als Pförtner angestellt sein werde. Und daraufhin gab ich an, nach meinem Vorhaben gefragt, ich würde mein zerstreutes Tuwavolk zurückholen, dabei selber zum mächtigsten Mann der Mongolei werden. Und würde jedem, der zurück wolle, das nötige Geld auf die Hand legen, um daraufhin meinen gewalttätig ausgelöschten Landkreis endlich wiederherzustellen, ihn zunächst zu einem selbständigen Bezirk, später zu einem Fürstentum zu machen und selber zum Fürsten zu werden. Und erzählte, dass ich vorerst jährlich 10 Familien zurückhole, indem ich den Transport der Jurten und ihrer Mitglieder voll selber finanziere. Darauf sagte der Verleger: „Aber warum denn das, lieber Galsan? Davon erfährt doch die große Welt nichts! Mach es doch lieber so spektakulär, wie es nur geht! **Am besten eine Karawane, die größte seit Dschingis Khan!" Das war der Funken, den mein Geist brauchte.** Ich sagte: „Halt!" und überlegte. Und sagte Sekunden später: „Ja, ich mache sie!"

Das Geld hatte ich! Ja, plötzlich schienen mich die Auszeichnungen entd sodererpreis usw. Hinzu kamen die Tantiemen der Bücher und Honorare meiner Lesungen, Vorträge und Seminare. Alles legte ich zusammen, legte alles an. Damals waren die Zinsen unglaublich hoch. Jeden Monat bis zu 7% Zinsen. Ich muss sagen, ich verwaltete mein Geld so schlau, obwohl ich von dem Finanzwesen eigentlich gar nichts verstand. Tags dachte ich an das Geld, nachts träumte ich davon. Und das liebe Ding vermehrte sich insektenhaft rasch, da ich von Monat zu Monat mit der ganzen Geldsumme immer zu der Bank lief, die die höchsten Zinsen verspraah. Und am 01.03.1995 war es so weit. Zuerst kaufte ich einen lack- und ladenneuen 4-Tonner. Ihn fuhr Heme, der Älteste meiner drei Söhne, und der jetzt hier mit auf dem Grundstück wohnt, der war gerade 27 Jahre alt. Und der Beifahrersitz musste abmontiert werden, denn da wurden zwei pralle Säcke verstaut, das war alles Geld, mein Geld, 80 kg im Gewicht. Darüber war ein Mantel aus Wolfsfell ausgebreitet, in welchen ich eingehüllt darauf saß, also saß ich buchstäblich auf meinem Geld. Und hinter mir, oben, unter der Schutzplane, saßen acht junge Männer, alle 20–30 Jahre alt. Und die waren mit Schießgewehren ausgerüstet. Auch hatten wir einen schönen, großen Hirtenhund mit.

Am 01.03.1995 zur Mittagsstunde verließen wir die Hauptstadt. Und dann fuhren wir in die Wüste Gobi. Um 500 Kamele zu kaufen, 500 Kamele! Ich meinte, da unten gibt es genügend Kamele. Und ich wollte alle Familien, die zurückwollten, mitnehmen. Das Auto fuhr gut, und es trug uns mitsamt dem Geld. Was ich noch nicht wusste: Hinter dem Geld fuhr die Inflation mit. Wir kamen da mit der Summe Geld an, die für die damalige Zeit unvorstellbar war. Und dies bewirkte wohl, dass

Verleihung des Bundesverdienstkreuzes durch Frau Dr. Antje Volmer, Leipzig, 05.12.2002

jedes Kamelwesen über Nacht dreimal so teuer wurde, wie es noch gestern gewesen war. Doch was half es, ich wollte es so. Meine Händlertätigkeit dauerte zwei Wochen. Nun aber hatte ich am Ende 140 Kamele anstatt der anfangs beabsichtigten 500. Dabei habe ich alles, alles ausgegeben, was ich bei mir hatte, habe zuletzt sogar meine Silberschale angeboten, die ich bei mir hatte, weil mein Geld alle war. Meine schöne, geschichtsträchtige Silberschale und meinen großen, generationenalten Häuptlingsdolch. Gott sei Dank haben die Gobi-Bewohner anscheinend keine direkte Beziehung zu solchen Wertsachen, also wollte mir keiner dafür seine Kamele abgeben, sodass sowohl die Silberschale als auch der Edelstahldolch mit dem ganzen Zubehör aus weichem Weißsilber in meinem Besitz blieben.

Doch 140 Kamele, das sind ja keine 140 Hühner, das ist schon ein unübersehbar großes Volk. Und als wir mit der Herde so unterwegs zum Ausgangsort der Karawane waren, ach, da sind wir von so vielen Menschen mächtig bewundert worden. So viele Kamele in einer Herde schienen die Menschen hierzulande noch nie gesehen zu haben. Und die anderen Tiere, die nie Kamele gesehen hatten, Pferde wie Rinder, die wurden sofort panisch und rissen vor uns aus, vor Angst. Ja, sie schienen vor Kamelen mehr Angst zu haben als vor Wölfen. Das war eine sehr wichtige Erfahrung! Dann begann die Karawane. Ich gab jeder Familie fünf Kamele, schenkte sie ihnen. Und dann mietete ich noch etliche LKW, deren Fahrer waren knallharte Geschäftsleute. Gut nun, ich gab, was sie von mir verlangten. Denn ich brauchte sie ja schließlich, genauso wie ich Kamele bitternötig brauchte. Und schließlich gab ich jedem der Karawanenführer eine feste Summe Tagesgeld. Das tat ich einfach, um sie bei Laune zu halten. Dazu muss ich sagen, dass dies meine Brust mit einem gewissen Stolz erfüllte: Andere wollen haben, haben und nochmals haben, Geld und Reichtum aufhorten, ohne zu wissen, wofür. Ich aber gab mein liebes, schwer verdientes Geld aus! Und was soll ich es verheimlichen, dabei kam ich mir irgendwie freigiebig, ja, edel vor. Wie ein Sohn, der seinen Eltern diente. Wie ein Vater, der seine Kinder ernährte. Des Volkes Sohn, wie meine Rolle mir zusagte. Und nun von dieser Sohn-Rolle zu einer Vater-Rolle. Volksvater. Volksführer. Retter meines armen untergehenden Volkes, von Nachbarn gehänselt, vom Staat vernachlässigt. Die Realität, die diesem selbstverliebten Wahn folgte, war rau. Mit manchen ernüchternden wie auch enttäuschenden Details. Die ganze Karawane dauerte 105 Tage und Nächte. Sie kostete viel Schweiß, genauso, wie sie viel Geld gekostet hat. Ich fror, schwitzte, litt Hunger wie Durst. Viele Nächte schlief ich nur 2–3 Stunden, andere Nächte gar nicht. Aber ich merkte dabei eine Sache: Ich wurde fester sowohl im Körper als auch in meiner Anschauung. Ich wuchs, wurde mehr, nahm insgesamt zu. Also, **die Karawane verlieh mir Gewicht und Umfang.**

Meine Gedanken drehten sich nun nicht nur um das kleine Volk der Tuwa, sie erfassten auch andere Völker, verbreiteten sich auf größere Flächen. Auf die ganze Mongolei, auf das Schicksal des größeren Mongolen-Volkes. Aber auch das war nicht das Ende, als ich dann anfing, noch dies und jenes zu unternehmen. Da begannen sich die Gedanken schon um die Menschheit und deren Wohnort, den Planeten Erde, zu drehen. Das ist der Grund, weshalb ich einen Artikel „Der Planet Erde ist meine Heimat und die Menschheit ist mein Volk“ geschrieben habe. So arbeite ich heute für die Mongolei, pflanze Bäume und versuche auch noch, Regen zu erzeugen. Aber was heißt hier Mongolei? Im Grunde stehen dahinter auch der ganze Planet Erde und die ganze Menschheit. Ich bin also ein Mitglied der Menschheit und ich bin ein Bewohner des Planeten Erde.

BaumWesenSeelen

Das ganze All lebt, ist ein Lebewesen, ein Geistwesen, ein Seelenwesen und wir sind kleine Splitter von diesem großen, heiligen Wesen.

Ob wir nun Menschen heißen, wir Wesen, die wir uns selber Mensch genannt haben, oder ob das nur Schafe sind oder Bäume oder eine Wasserquelle, alles ist beseelt, begeistet und belebt. Nun, wenn ich in einem Wald bin, dann rede ich mit den Bäumen, oft stumm noch, indem ich nur meine Gedanken an sie richte. So führe ich mit ihnen ein stummes Gespräch. Denn ich weiß doch, das sind belebte, begeistete und beseelte Wesen, die mit uns Raum und Zeit teilen. Wobei die Bäume es einerseits schlechter, andererseits besser haben. Warum schlechter? Wenn ein Feind kommt, können sie nicht wegrennen, sind sie dem Feind, dem bösen Wesen, ausgeliefert. Aber dann haben sie es besser. Wir haben unser kurzes Lebensfristchen von 60 Jahren, während jene viel länger leben dürfen. Die Nomaden leben im Durchschnitt 60 Jahre. Die Bäume stehen womöglich 600 Jahre, dann soll es auch 1.000-jährige Bäume geben. Sie sind langlebige Wesen, also deswegen verneige ich mich vor einem Baum in Gedanken: Du hast gestanden, als meine Eltern noch Kinder waren. Du hast gestanden als meine Großeltern, deren Großeltern noch Kinder waren. Du hast Zeiten gesehen, die ich nicht kenne. Und du wirst immer noch stehen, wenn ich gegangen bin, sichtbar für meine Kinder, meine Kindeskinder und deren Enkelsenkel. Wenn ich jetzt so einen Baum genau betrachte, so im Querschnitt, dann erkenne ich die Geschichten, die Musterungen seines Lebens.

Alles, was wir um uns herum sehen, Erde, Himmel, Mond, Sonne, Sterne und dieser blassblaue, manchmal blauschwarze Raum, das ist alles beseelt, begeistet, belebt.

So wie ich bei einem geschlachteten Schaf die Geschichte seines Lebens lese. Ist das eine Schrift aus lauter feinen Fäserchen. Und da ich nun dieser Schrift kundig bin, weiß ich, wie ich ihr mit meinem scharfen Messer folge, damit ich den einmal getöteten Körper nicht noch einmal töte, mit ihm nicht mörderisch brutal verfahre, ja, den ruhenden Körper, dieses feine Gewebe der Natur, womöglich nicht noch entstelle. Jeder Schafkörper, wohl wie der unsere auch, besteht aus so feinen, wunderschönen Musterungen. So nun auch jeder Baumkörper. Ich muss nicht erst einen Menschenkörper sezieren, um meinen eigenen kennenzulernen. Denn ich weiß doch, wie der eines Schafes oder Pferdes ausschaut. Im Grundbau sind wir alle gleich: Mensch, Yak, Murmeltier, Hase, Rebhuhn. Wir alle haben vier Glieder und den Kopfteil. Also, die Nomaden sagen, jedes Lebewesen bestehe aus fünf Gliedern. Und tatsächlich schneidet man aus diesen fünf Teilen immer einen Brocken ab, gleich, unter wie vielen ein Körper verteilt wird. Also, neuerdings bin ich in der Lage, das alles auch bei dem Baum zu erkennen, indem ich den Maserungen und Musterungen folge und die Schrift lauter Kanälchen, Adern und Ringen lese, geschrieben Jahr um Jahr. Da kann ich ungefähr das Alter eines Baumes abzählen. Manchmal tue ich das auch mittels einer Lupe. Und da ist mir, als läse ich die Lebensgeschichte einer Baumpersönlichkeit. **Und dabei spüre ich, der Baum sieht mich an und bildet sich eine Meinung von mir.** Da glaube ich zu wissen: Wenn sich meine Hände stümperhaft bewegen oder ich mich gar grob und gemein zu ihm benehme, dann wird er bestimmt gekränkt sein. Wenn ich aber ehrfürchtig vor ihm dastehe und vor seinem toten Körper, auch da werde ich registriert, dessen bin ich mir gewiss. Darum rede ich in Gedanken mit dem Baum.

Das Baumwesen redet, auch noch im Tode. Und wenn man dem mit geschlossenen Augen zuhört, dann ist man mit Ehrfurcht erfüllt und auf alle Fälle vermischt mit einem gewissen Schuldgefühl.

Die Nomaden gehen mit der Natur dermaßen vorsichtig um, dass sie selbst beim Schichten, beim Verbrennen von Dung eine strickte Ordnung einhalten. **Wenn ein Kuh-Dung so gelegen hat auf der Erde, die obere Seite vertrocknet, manchmal graublau, und wenn der nun ins Feuer kommen soll, dann legt man ihn nie auf den Rücken, da wäre man ein Stümper, ein Grobian!** Und wenn ein Stadtkind damit verkehrt umgeht, bekommt es von einem Eingeweihten sofort gesagt: „Kind, leg doch den Dung richtig hin! Sonst leidet er. Stellte man dich auf den Kopf, du würdest doch auch leiden!" Also alle Wesen, selbst der Yak-Dung, ein Pferde-Apfel, hat seinen Wert und deshalb muss der Mensch mit ihm ehrfurchtvoll umgehen. So nun mit dem Baum erst recht. Brennholz möchte sauber abgesägt werden und sauber gespalten sein, ehe es in den Ofen kommt. Und so richtig kann das nur ein Mensch machen, der in dieser Sache Bescheid weiß. Also wenn das Holz brennt, da riecht man den Duft des Waldes noch einmal. Und da hört man die Flamme hauchen und fauchen, das Holz knattern und knistern. Und da sieht man auch, wie die Flamme ausschaut. Jede Holzart duftet anders, erzeugt andere Geräusche. Die spärlichen Wälder bei uns im Altai bestehen meistens aus Lärchen, und sie liefern das gewaltigste Holz, so kommt es mir vor. Vielleicht dadurch, dass die Lärche besonders viel Harz absondert. Also das Lärchenholz, ein Lärchenscheit brennt nie still. Da ist ein Knacken, Krachen, Knistern, ein Aufschreien, zwischendurch auch Schnaufen und Singen. Wenn das Holz noch feucht ist, dann ist es zunächst ein Summen, mmmmmh, und dann hört man ein Zischlaut, sssssss, und wenn das Holz in der Hitze schließlich trocknet, dann fängt es an zu knattern, zu krachen, krach, krach.

Seelenschmerz

Ein paar Worte zu den Bäumen, nun aus einer anderen Blickecke. In meiner Kindheit war im Altai der Waldbestand unvergleichlich größer als heute. Dann kamen die Kasachen und fingen an, die Wälder gnadenlos zu vernichten. Gut, sie hatten dafür ihre Gründe. Sie waren zunächst arme Schlucker, denn sie waren ja Flüchtlinge, mussten doch leben, egal, wovon. Die mongolische Regierung hat sie über uns hereingebracht und auf uns losgelassen. Also haben sie die Wälder gesehen und haben sie überfallen, und mit dem, was ihnen in die Hand fiel, angefangen, sie zu schlachten, Baum um Baum, um die wirtschaftlichen Werte aus ihren Leichen herauszuholen. Dabei beschmutzten sie auch die Gewässer, verunstalteten die ganze Natur. Wie schade, dass ihr Gott nichts gegen solches zu haben schien! Also haben wir jetzt so gut wie keine Wälder mehr.

All die großen, geschlossenen Urwälder sind kaputt. Was da noch geblieben ist, das sind nur die letzten kümmerlichen Reste.

Es hat mich immer geschmerzt, wenn ich an unsere hingemordeten Wälder dachte. Und dann gab es ja auch die Kommunisten, die mongolischen, die herkamen, um unsere ahnungslosen Menschen anzuleiten, wenig später auch unsere eigenen Tuwamänner, die der Partei beitraten und ihre Seelen an die Fremden verkauften.

Ja, auch diese „erklärten der Natur den Krieg".

Der Nomade, der vom Töten von Schafen, Yaks und Murmeltieren lebte, fällte aber nie Bäume.

Da war ein Zitat des großen, russischen Naturforschers Mitschurin. Dieses ist wie viele andere Zitate von den Klassikern des Marxismus-Leninismus entstellt und in völlig falsche Richtungen geleitet worden. Mitschurin hat gesagt: „Wir sollen nicht auf die Gaben der Natur warten, sondern tun, dass wir an sie herankommen und sie uns nehmen." Aber wie hat man es übersetzt? „Wir warten nicht auf die Natur, dass sie uns was abgibt, sondern wir werden es ihr entreißen, wegrauben." So aggressiv! Und was folgte dem? „Wir haben vor dir keine Angst, Natur!" Mit solchen Spruchbändern und noch mit Sägen und Äxten ließen uns die Lehrer in den Wald ziehen!

Dann haben wir die großen, von den Vorfahren geheiligten, viele hundert Jahre alten Lärchen gefällt. Jene Wunde in meiner Seele hat immer anhaltend geblutet ...

Damals wusste ich als Kind nichts von Albert Schweitzer, aber jetzt weiß ich, wer er ist, und mittlerweile habe ich einiges von ihm gelesen. Dies zum Beispiel: „Ich bin Leben, das leben möchte, inmitten von Leben, das leben möchte." Leben, die damals in meinem Kinderherzen wohnte, muss auch im Herzen des großen Menschenberges Albert Schweitzer gewohnt haben. Tatsächlich empfinden viele menschliche Wesen ihr eigenes Leben eigentlich als nichts weiter als ein kleines Teilstück von anderen Leben inmitten eines Meeres von Leben. Ich nehme an, die Waldarbeiter fühlen hin und wieder ein schlechtes Gewissen im Bauch, wenn sie Bäume fällen. Der Nomade, der vom Töten von Schafen, Yaks und Murmeltieren lebte, fällte aber nie Bäume. Und wenn er dennoch eine Gerte oder eine Stange für ihre Jurte, ihr Leben unbedingt brauchte, dann verneigte er sich vor dem Baumwesen und bat die Waldgeister um Verständnis und Vergebung, ehe er mit seiner Mordwaffe herausrückte. Gut, auch damals haben wir zwischendurch Holz verbrannt und ein Teil des Küchengeschirrs und der Handwerksgeräte waren aus Holz gemacht. Aber dafür gab es besondere Quellen: alte und beschädigte Bäume wie vom Sturm abgebrochene und vom Blitz getroffene. Heutzutage aber scheint die Denk- und Handlungskultur dieser Art längst vergessen zu sein. Wir sind ziemlich alle zu Kasachen geworden, haben kein Herz mehr, so denke ich manchmal, wenn ich in meiner Altaiheimat sitze und dem Treiben der Menschen mitten in ihrem Alltag zuschaue. Was ist eine 30, 40, 50 Jahre alte Lärche im Wald? Baumjugendliche. Auf uns Menschen übertragen, 10-, 15-, 20-Jährige wohl. Aber gerade solche werden von den heutigen Menschen hingerafft.

So werde ich von einem unguten Gefühl geplagt, als säße ich dauernd unter Klageseufzen von sterbenden, schreienden jungen Leben. Die nomadische Lebensweise erzieht die Menschen zu philosophischen Überlegungen. Daher lieben wir es wohl, auf den klaren Sternenhimmel, das bewegte Flusswasser und das brennende Feuer unseren Blick ruhen zu lassen und dabei dem Gang unserer Gedanken zu folgen. Was übrigens als gute Denkübungen gilt.

88118090
0-0199
96028909
ATM
ATM
ХҮНС
ХУДАЛДАА
LiuGo

Visions-Projekt:
Die Mongolei begrünen

Nun habe ich mit meinen Mitteln und meinen Leuten angefangen, im kargen Steppenland Bäume zu pflanzen. Dabei verfügten wir am Anfang über keine Kenntnisse: keine Ahnung, Nullkenntnisse! Alle haben zwar geglaubt, die Pflanzenwelt zu kennen, genauso wie wir geglaubt haben, das Wasser, die Luft, das Gestein zu kennen, also die Elemente, die uns umgeben. Nun wissen wir, unsere Kenntnisse waren bedauerlich gering. Wissen dabei aber auch: Man kann sich über jedes Ding – Krümel um Krümel – Kenntnisse erwerben. So studiere ich seit fünf Jahren noch einmal die Pflanzen- und Tierkunde und in diesem Zusammenhang auch die Erdgeschichte, sozusagen den Zusammenhang von allem untereinander, auch die Philosophie, alles! Und jetzt habe ich etwas mehr Ahnung als vor fünf Jahren. **Jetzt können wir Bäume pflanzen,** können sogar aus Samen, so klitzekleinen Körnchen, einen Sämling aufziehen und diesen Sämling zu einem Steckling aufziehen, **die stillen Winzigteile zum Leben erwecken, sie zum Wachstum besingen, zum Gedeihen bewegen, streicheln, kitzeln, mit Liebe, Sorge und Achtung umgeben**, diese Baumwesen wissen lassen, der alte Mann, der große Opa, das Menschenkind und der Volksführer will, dass sie leben und wachsen, genauso wie wir auch leben und wachsen wollen. Jetzt haben wir da drüben die Baumschule stehen und hier hinten auch noch Wohnraum für erwachende und emporstrebende Baumwesen. Also kann ich jetzt meine neu erworbenen Kenntnisse, geleitet von meinem uralten Willen, der lebenden Natur beizustehen, richtig loslegen! Ich werde schon irgendwie fertig mit diesem Projekt, aber ich muss weiterschauen. Was kann man noch zustande bringen? Wo kann man noch mithelfen? Regen erzeugen, auf alle Fälle! Das Regengerät ist da, die ersten Regen hatten wir einen Sommer lang. Jetzt werden wir in den nächsten Tagen das Regengerät umorten. Werden dem Regengerät jetzt eine Heimat geben, wo es lange Jahre stehen und funktionieren kann. Also kümmer ich mich um Wasser und Pflanzen zusammen, Unter Pflanzen verstehe ich jetzt Gras und Bäume. Wenn wir diese zwei hätten, wenn wir vor allem das Wasser hätten, dann würde sich die Mongolei erneuern. Es würde ein grünes Land. Aber ich darf eine Sache nie vergessen: Die Pflanzen haben es in der Mongolei schwer, schwer, schwer. Warum? Verstehe ich nicht immer. Hier nebenan steht eine Ulme, die ich seit drei Jahren pflege wie ein krankes, früh geborenes Kind. Wie viel Liebe habe ich da reingesteckt! Ich möchte, dass diese Ulme groß wird und mich vor einem hässlichen Abortschuppen hinter dem Zaun auf dem Nachbargrundstück beschützt. Ich wollte dort eine natürliche Wand mit Bäumen aufbauen. Aber meine Ulme scheint nicht und nicht und nicht wachsen zu wollen, Himmel!

Die Ulmen sind ja eigentlich recht anspruchslose Bäume. So höre ich die Leute zumindest sagen, auch in der Mongolei. Aber meine Ulmen wollen nicht wachsen, die sind noch am Leben, nur 1, 2, 3, 4, 10, 20 grüne Blättchen sind zu sehen, aber damit ist es einfach zu wenig, ich würde gern hunderte und tausende von grünen, tropfgrünen Blättern sehen wollen! Und ich will, dass sie schneller wachsen, ich sehe doch auf anderen Erdteilen, in anderen Ländern wachsen die Bäume von selbst. Sie kommen sogar aus Felsen, aus Gesteinen hervorgeschossen. Ich habe in Europa wiederholt gesehen, dass die Bäume ja sogar auf blanken Felsen, auf Gesteinen und auf Trümmern wachsen wie Unkraut. Hierzulande sind sie aber Kostbarkeiten.

Na gut, ich muss nicht klagen, muss lieber sehen, dass ich sie zum Wachsen bringe, mit welchen Methoden auch immer! Sodass zumindest ein winziges Stück der riesigen Mongolei grüner wird. Ein besseres Aussehen, ein schöneres, freundlicheres Gesicht bekommt. Dem Altai und der Mittelmongolei, wo ich derzeit lebe, muss ich dazu verhelfen. **Und wenn es nötig ist, bin ich herzlich gern bereit, meinen Bäumen, meinen Plänen, meinen Träumen dorthin zu folgen, wo ich gerade gebraucht werde.** Und ich würde mein Leben dort glücklich abschließen mit den wachsenden Bäumen, mit den wehenden Gräsern und plätschernden Gewässern.

Bis jetzt stecken 380.000 Setzlinge in der Erde und kämpfen gegen Kälte, Sturm, Dürre und Sand. Die Bedingungen für den Lebenskampf meines Baumvolkes sind alles andere als leicht, doch ich bin zuversichtlich, denn der erste Jahrgang meiner Baumkinder hat mich in der Höhe längst überholt. Habe landesweit, weltweit laut verkündet: Ich werde eine Million Bäume pflanzen! Diese laute Verkündung brauche ich als Peitsche – ein ausgesprochenes Wort lässt sich nie wieder zurückholen – **wer sein Wort bricht, verliert sein Gesicht** –, also habe ich kein Recht mehr, bei meinem Bewaldungsabenteuer zu zögern oder zu zaudern! Nein, nein, ich werde Wort halten, mehr noch: Ich werde bei der kümmerlichen Million nicht stehen bleiben, ich werde weitere Millionen von Bäumen pflanzen! Und den Beweis, dass solches möglich sein wird, gibt es seit langem: Die große Kenianerin Wangari Maathai hat ihrem afrikanischen Kontinent 30.000.000 – dreißig Millionen! – Bäume geschenkt. Und sie hat dafür den Friedensnobelpreis bekommen. Ich werde den Preis nicht bekommen.

Jeder Baum, der wächst, jeder Hain, der grünt und mir und anderen Lebewesen Schutz und Schatten spendet, jeder Wald, der zurückbleibt, wenn ich gehe, wird der Preis für meine Bemühungen sein und Beweis sein, dass ich mit meinen Gleichgesinnten die Kunst beherrschte, winzige Baumsamen zum Leben zu erwecken. Und jetzt habe ich bereits zwei kleine Baumschulen aufbauen können, in welchen Jahr für Jahr Hunderttausende von Baumsamen erweckt werden und zu Sämlingen zu gedeihen vermögen, ist das kein Beweis? Die Stunde und den Tag, da aus meinen Baumschulen lebende grüne Gaben Sommer für Sommer an die durstleidende, graue Muttersteppe fließen werden, sieht mein geistiges Auge längst!

Hat das nun nach Selbstlob geklungen? Einer, der nicht gut zu meiner Person steht, würde die Frage sofort bejahen. Ich selber würde sagen: nach Selbstvertrauen.

... wenn wir vor allem das Wasser hätten, dann würde sich die Mongolei erneuern und ein grünes Land sein.

Visions-Projekt: Regen bringen

Die Dürre, die unser Land im letzten Jahrhundert plagte, wird von Jahrzehnt zu Jahrzehnt immer schlimmer. Nun will ich dem kranken Vater Himmel zu Hilfe kommen, indem ich die zwanzig mächtigen Edelstahlrohre meines Regengerätes von der Erde aus auf ihn richte.

Und schließlich heute vor gut einem Jahr, **am 9. April 2012, dem hundertsten Tag des Jahres, ach, da habe ich mich ... ja, ausgezankt mit Vater Himmel.** Denn da sollten wir unsere Regenmaschine in Betrieb nehmen. Die kleine Sippe war zusammengetrommelt und stand mir zur Hand, hier am Rand der Hauptstadt. Es waren auch andere Leute erschienen. Allen voran aber möchte ich die beiden Spezialisten namentlich nennen: die Hauptperson, den Algerier Madjid Abdellaziz, und seine Begleitung, den Deutschen Paul Jakupczik, wobei der eine wie der andere in unsere nationale Tracht eingekleidet dastanden. Auch stand hinter ihnen, ebenso nomadisch gekleidet, Regina Schneele, die zwar aus dem deutschen Schwarzwald stammte, die ich aber als ein vom Himmel heruntergesandtes Geschenk betrachtete, da sie zuvor in den schwersten Wochen und Monaten, nun in diesen hochfeierlichen Stunden und Tagen meines Lebens, mir Haus und Hof verwaltete, die Gäste bekochte und bediente. Dann war auch noch ein blonder Peter, ebenso aus dem geografisch fernen, aber seelisch nahen Freundesland Deutschland freiwillig herbeigeeilt, um die geschichtsträchtige Angelegenheit fotografisch zu dokumentieren. Sosehr wir uns seit einer Stunde panisch haben beeilen müssen, so ergab sich am Ende eine kleine, aber unerträgliche Zeitlücke, die wir im Warten überbrücken mussten. **Wir warteten auf den Sonnenaufgang.** Und da verspürte ich mit einem Mal eine mörderische Müdigkeit in den Knochen. Die Nacht hatte ich kein Auge zugemacht. Auch in den vorhergehenden Nächten der letzten zwei Wochen hatte ich sehr wenig geschlafen – im Klartext: jedes Mal nicht länger als zwei, drei Stunden.

Das ergab einen guten Sommer, ja, den herrlichsten, den feuchtesten Sommer, den das mongolische Land in den letzten vier, fünf Jahrzehnten gehabt hat.

Und diese alarmierende Rückbesinnung ereilte mich ausgerechnet in dem Augenblick, da ich kurz davor stand, zu erfahren, ob die Regenmaschine wirklich das bringen würde, was ich von ihr erwartete: Bringt sie Regen, wird mein langjähriger Traum in Erfüllung gehen. Bringt sie keinen Regen, werde ich eine schmähvolle Niederlage erleiden.

Was wollte ich? Den verloren gegangenen Regen in die Steppe zurückholen und so meinem Land einen guten Dienst leisten. Ja, der Regen, der war für mich das Lebenswasser. So gesehen war ich seit Jahr und Tag und in diesem Augenblick der Märchenjunge, der Epos-Recke, der Held, der sich einer edlen Sache aufopfert. Der edle Sohn der Heimat und des Volkes. Der gütige Wohltäter der Steppe und ihrer Bewohner. Der mutige Retter des schwer bedrohten Kleinplaneten, der Mongolei hieß. Dann ging endlich, endlich die Sonne auf.

Das war der Augenblick, auf den ich gewartet hatte. Ich streckte mich gerade und fing an zu singen, zu schamanen, zu toben. Als ich es tat, bohrte ich meinen Blick unverwandt in die aufgehende Sonne. Dabei dachte ich, dass die Sonne das Auge des Himmels ist. Also wollte ich dem Himmel direkt ins Auge schauen, ja, mit ihm in Augenhöhe bleiben. Und mit ihm reden, ihn fragen. Ihm gegenüber aussprechen, was ich in diesem Augenblick dachte. Denn schließlich hatte ich schwerwiegende Gründe dazu. Also schrie ich aus, begleitet von Schwingungen des Wedels: „Nicht wir sind es, die Flugzeuge und Raketen gebaut haben und mit ihnen in dich hineinschießen und dich verletzen! Nicht wir sind es, die Autos und Panzer erfunden haben und damit

das Antlitz der Mutter Erde verunstalten! Wir sind die Letzten, die zu Euch stehen und bis zuletzt danach trachten, Euch in Ruhe zu lassen und Euch weiterhin zu verehren! Warum, warum, warum aber trifft Eure bestrafende Peitsche uns immer zuerst? Ja, immer sind wir es, die leiden müssen, während die wahren Schuldigen unbestraft bleiben und immer, immer, immer frecher werden? Warum, warum, warum gebt Ihr uns keinen Regen mehr?“

Da brach ich in Tränen aus und schrie, brüllte, röchelte, gegen Tränen ankämpfend. „Oh, gebt mir doch für jeden Tropfen Träne einen Tropfen Wasser!“ Und so zog sich dieses Geschrei, dieses Gezänk wohl in die Länge. Wobei ich längst nicht mehr wusste, wie lange das noch dauerte und was dazwischen, darüber hinaus noch geschah.

Ich war längst weg und tobte wohl, wie ein Wolf in der Falle. Irgendwann nahm ich wahr, dass jemand versuchte, mich von der Erde hochzuzerren. Dann kam ich langsam zu mir und erkannte, es war eine meiner Schwiegertöchter. Und da wurde mir bewusst, dass mein Gesicht voll Tränen und Rotz war, und die ganze Tracht voll Staub. Ich muss auf der Erde gelegen und heftig mit Händen und Füßen gezappelt und gestrampelt haben. Der Himmel konnte darauf unmöglich geantwortet haben, dachte ich nun. Doch hörte ich dann, als ich auf den Beinen stand und langsam, müde, müde, müde, wieder zu mir kam, die Kinder sagen:

„Schaut mal, Papa, auf den Himmel!“ Ich tat es und sah, die formlosen Wolken über der Stadt, ach, eigentlich gar keine Wolken, sondern hässliche Massen aus Qualm und Dunst von vorhin, diese waren alle in heftige Bewegung geraten und waren nun dabei, sich zu richtigen Wolken zu formen. Und da dachte ich schnell, der Himmel hat doch geantwortet! Tatsächlich merkte man daraufhin, es kam ein Wind auf, der immer kühler wirkte. Und später erfuhren wir, die Temperaturen waren vom Morgen bis zum Mittag um vier Grad gefallen – obwohl das Gegenteil sonst normal gewesen wäre. Schnell kam ein Wind auf und nahm an Stärke heftig zu, so dass die Menschen, die dünn angezogen waren, in die Autos flüchten mussten. Vier Tage später gab es reichlichen Schnee, was schon ungewöhnlich für diese Jahreszeit war. Zwei Tage später fiel weiterer Schnee. Und dann kam endlich der ach so ersehnte Regen. Dem dann in kurzen Abständen weitere Regenschauer folgten.

Das ergab einen guten Sommer, ja, den herrlichsten, den feuchtesten Sommer, den das mongolische Land in den letzten vier, fünf Jahrzehnten gehabt hat.

Vision ist Begeisterung

AB: Es gibt ja Leute, die haben Ideen, die haben Projektvorstellungen. Es gibt Träumer. Was aber macht den Unterschied zu einem Visionär aus, der auch was erreicht?

GT: Ein Visionär muss ein Macher sein. Ohne die Tat ist alles nur Geplapper, Geschwätz. Darum nicht nur gedankenlos daherreden, wie so viele alberne, geltungsbedürftige Menschen es heutzutage überall tun. Es gilt, zuerst über den ganzen äußeren und inneren Zusammenhang der Dinge gründlich nachzudenken, es dann anderen mit möglichst einfachen Worten mitzuteilen und schließlich die zu verrichtende Arbeit eigenhändig anzupacken.

In dem Maße, wie gut der Anfang mir gelingt und wie flott der Arbeitsgang fortschreitet, werde ich von anderen gesehen und gehört. Und irgendwann beginnen sie, zunächst zaghaft, auch selber mit Hand anzulegen. Und das ist das Zeichen, dass sie von meiner Idee angezündet worden sind. Das ist der schönste Augenblick, wenn man sieht und verspürt, dass die Last, die vorerst ich allein getragen habe, mit einem Mal zu unserer gemeinsamen Last geworden ist.

Da freue ich mich, und sogleich überspringt diese meine Freude auf alle, die auf meiner Seite stehen. Ach, wie oft habe ich dieses Glück spüren dürfen, dass der anfangs schwere, unbewegliche Stein in Bewegung versetzt worden ist. Und da habe ich immer wieder zu wissen geglaubt, wo und wie das Glück wohnt und wie es heißt.

Vision braucht Kraft

Alles, was ich brauche, ist Kraft. Und was die Welt braucht, ist auch Kraft. Heutige Menschen stehen so oft entkräftet da. Du merkst es schon, wenn du einem jungen Mann die Hand gibst. Er, auch wenn er einer von den Zweizentnerkerlen ist, kommt dir mit einer so laschen Gabe entgegen, die dich schnell an einen toten Fisch denken lässt. Schlaff, kühl und feucht. Richtest du deinen Blick kurz in seine Augen, begreifst du schon manches. Er ist einfach entsaftet, ermüdet und ratlos. Und gelingt es dir, ihn ein wenig in ein Gespräch hineinzulocken, erfährst du Weiteres: Es handelt sich um eine innere Sperre. Legst du dir Mut zu und gehst du ihn mit Freundlichkeit an, wirst du merken: In ihm fängt etwas an, sich zu regen. Es ist, als wenn ein Motor sich warmliefe. Als wenn eine Wand wackelte, eine Quelle klopfte. Bleibst du weiterhin bei deinem Mut und deiner Freundlichkeit, so wirst du bald spüren und auch sehen und hören: Die Wand stürzt ein und die Quelle schickt sich an zu sprudeln. Da wirst du mit einem Schlag begreifen, es hat nicht allein an ihm, sondern auch an dir gelegen, dass er vorhin so entkräftet und gehemmt dagestanden hat. Die tiefere Wahrheit ist, dass es mit unserem Zusammenleben nicht mehr stimmt. **Die Kraft, die jeder Einzelmensch wie das ganze All braucht, ist nicht verschwunden, sondern gestaut, ist verklemmt, ist eingeschlafen. Es gilt, sie zu wecken und zu befreien.** Es zu tun auf Schritt und Tritt, ist deine und meine, unsere gemeinsame Pflicht. Die Kraft – oder soll ich sie Stärke nennen, wegen der Pferdestärke aus unserer altehrwürdigen Physik – ist etwas, das wir anzünden, schüren und ins Fließen, Flammen zu bringen haben. Kann ich so mit mir und dir umgehen, dann kann ich es auch mit den Eltern, der Klasse, den Lehrern, der ganzen Gesellschaft schmerzarm tun. Aber nicht nur das.

Die Kraft nicht nur wecken und vermehren, sondern auch diese da bündeln und dort zähmen. Es gibt unterschiedliche Arten von der Kraft, die ich meine. Ich spüre, jetzt muss ich sie wirklich Stärke nennen. Jedem legt der Schöpfer eine bestimmte Art davon in die Wiege. Die Meinige hat wohl mit Zunge und Kehle zu tun. Zunächst war ich gewiss ein hilfloses Wesen. Ich war das einzige Kind, das überlebt hat von den letzen vier Kindern, die meine Mutter zur Welt brachte. Da war ich klein und schwach. Selbst die Herbstlämmer waren stärker als ich. Um gar nicht zu reden von den Kälbern und den Fohlen. Dann waren auch noch die sehr starken Wesen wie die die großen Pferde, die erwachsenen Menschen.

Eines Tages wollte auch ich wohl groß und stark werden. Und fing dann an, tatsächlich größer und stärker zu werden. **Aber mit der Zeit merkte ich, die Stärke, die eigentliche Quelle für die wahre Kraft, liegt woanders.** Und zu dieser Zeit war ich dabei, mit den schamanischen Geistern umzugehen. Was eine harte Arbeit war, mit manchen komischen Seiten, die schnell auch in tragische umschlagen konnten. Aber dem nomadischen Volk ist eine sanfte, geduldige Urteilskraft eigen, die jeglichen Werdenden zu schonen weiß.

Also wird keiner voreilig verurteilt, jedes Urteil fällt zugunsten des Werdenden. Was mich betraf, ich kann sagen, ich wurde vom Volk auf Händen getragen. Jedenfalls kam ich nach und nach dazu, mich mit diesem und jenem des merkwürdigen Mund- und Geistwerkes vertraut zu machen und es auch einigermaßen zu beherrschen. Dies betraf auch den Umgang mit den menschlichen Geistern, dem Publikum, der Gesellschaft. Und da wurde man zwangsläufig erfinderisch und lernte, die Kraft in sich bündeln und einsetzen.

Dabei merkte ich, wo meine Stärke lag: im Reden, Singen, Erfinden. Später: im Dichten.

Die Schamanen behaupten, sie hätten 10.000 Hilfsgeister, die ihnen zur Verfügung stünden. Meine wichtigsten Hilfsgeister waren die gutmütigen Mitglieder der Urgesellschaft, in die ich hineingeboren wurde und in der ich immer noch verwurzelt stehe. Daher halte ich alles, was aus mir geworden ist, für das Ergebnis des guten Willens und der Weisheit meines Volkes. Die lieben, einsichtigen und geduldigen Menschen haben mir ständig Kraft und Sicherheit gegeben. Ich war von ihnen ertragen und ermutigt, war immer zum Nächsten aufgemuntert und zugelassen. Hätte mich einer ausgelacht, etwa so: „Von wegen Schamane, die Aussage war ganz falsch, der hat gelogen, geblödelt" – das hätte mir dann die Kraft genommen, das hätte mich entmutigt, ja zerstört. Also die Kraft, die in mir steckt, ist das Ergebnis, die Quersumme von vielen kleinen Ereignissen. Ich bin dank der Geduld, der Ermunterung der menschlichen Geister Schrittchen für Schrittchen vorwärts gegangen. Und am Ende stehe ich hier und heute. Auf einem Hügel, aber das Ziel ist weit, weit, weit. Der Gipfel ist noch in großer Ferne. Und diesen Gipfel werde ich wohl nie erreichen, aber ich werde mich ihm Schrittchen um Schrittchen irgendwie nähern.

Visionen kosten Geld

Ich hatte nur den Willen, aber die Mittel hatte ich nicht. Dann kam die wunderbare Zeit, die Wende heißt. Ich wurde zum freischaffenden Schriftsteller, zu einem völlig Freien, wenn man es so will. **Ich habe mich frei gekämpft, frei geschrieben.** Habe mir die notwendigen Mittel erschrieben. Denn ich hatte Preise erworben, an jedem Preis hing eine Menge Geld. Und auch sonst habe ich Geld verdient. Aber was mache ich mit diesem Geld?

Zunächst hatte ich kein gutes Gefühl für Geld. 1991 hatte ich mit meiner Frau einen Sommer lang gearbeitet, Tag und Nacht geschuftet. Wir beide arbeiteten schlaflos viele Nächte hindurch und dann verdienten wir einen beträchtlichen Stapel Dollarscheine. Das war das erste große Geld, was wir verdienten. Dann ging ich auf den Valuta-Markt und ließ es mir umtauschen. Großer Himmel, was ich da bekam! Den ganzen Rucksack voll, und dann hatten wir noch Einkaufstaschen, alles voll. An einem heißen Augusttag war es. Verschwitzt und schnaufend kamen wir nach Hause, beide voll beladen mit Geldscheinen, wie bepackte Esel. Damals gab es ja noch die kleinen Scheine, die es seit langem nicht mehr gibt: 1-, 3-, 5-, 10-, 20-Tugrikscheine und dann auch einige Handvoll 50er und 100er.

Aber die meisten waren kleine Scheine. Das waren vielleicht so 20, 30, 40 Kilo bedrucktes Papier, genannt Geld, Bargeld. Und dessen Gegenwart erzeugte in mir alles andere als Freude und Erfüllung. Nein, das Gegenteil. Ich war ärgerlich und traurig darüber, dass ich diese zerknitterten, schmutzstarrende Papierfetzen im überfüllten, stinkenden Bus mitzuschleppen hatte. Damals hatten wir noch kein Auto. Kaum kamen wir zu Hause an, schmiss ich sie hin und staute sie dorthin weg, wo sonst Schuhe standen. Und dann setzte ich die vor Stunden unterbrochene Arbeit fort, schrieb an einer unfertigen Geschichte weiter. Und während ich so arbeitete, dachte ich nebenbei immer wieder: **Großer Himmel, was wird aus meinem Leben? Das viele Geld kannst du zeitlebens nicht ausgeben.** Wozu hast du das getan? Jetzt brauchst du im Grunde gar nichts mehr zu tun, denn du bist angekommen. Und das tat mir leid. Weil ich noch zu jung war, um die Hände einfach auf den Schoß zu legen und zu schlemmen, soviel es mir danach war. Also hatte ich ein schlechtes Gewissen. Aber dann glaubte ich, inmitten der miesen Stimmung einen Weg zu finden: Es weiter spenden an meinen Landkreis! Später ließ ich die kleinen Scheine gegen große Scheine wechseln, mit immer etwas Schmiergeld dazwischen, und erreichte, dass sich alles in 100-Tugrik-Scheinen verwandelte.

Und nun war die lästige Menge Geld klein geworden und fand in einem Pilotenkoffer Platz. Dann brachte ich es per Flugzeug in den fernen Altai, zu meinem Landkreis. Ach, war ich da erleichtert, fühlte sogar einen gewissen Stolz im Bauch: Ich habe für Euch geschuftet, Volk, Mutterland, nun, nehmt Ihr hier den vorläufigen Ertrag meines Schweißes entgegen! Daraufhin spendete ich den ganzen Inhalt des Pilotenkoffers Verwandten und Bekannten wie auch Unbekannten. Und gründete fünf verschiedene Fonds. Man sollte damit die Winterlager ausbessern, Gäste aus der russischen Republik Tuwa besser betreuen, ein Laienensemble namens Ak-Hem gründen, Bedürftige wie Alte, Kranke und Waisen unterstützen. Und dafür wurde ich wie ein Held aufgenommen, gewiss. Es dauerte dann nicht lange, und das Geld war futsch.

Die Menschen waren unglaublich, sie wussten immer Wege, die begehrten Geldscheine aus der Kasse rauszuziehen. Das ärgerte mich nicht weiter, nein, ich schaute dem belustigt, sogar gerührt zu und dachte ein ums andere Mal: „Wartet doch, ihr Lieben, ich werde weiteres und weiteres Geld herüberbringen und damit eines nahen Tages eure teuflische Gier befriedigen!“ Und tatsächlich brachte ich etliche weitere Male weitere Geldsummen, indem ich immer mehr Bücher herausbrachte und immer längere Lesereisen durch Länder und Kontinente machte. Die im Ausland verdienten Mark-, Dollar-, Franken- und Euroscheine ließ ich in der Hauptstadt auf dem Valutamarkt wechseln, **brachte den ganzen Erlös zu meinem Sippenvolk im Altai, ging von Jurte zu Jurte und legte es den Leuten als Gastgeschenke auf die Hände.**

Ich dachte, sie würden mit Hilfe des Bargeldes ihr Leben ein bisschen besser gestalten. Sie würden die alte zerrissene Plane ihrer Jurte gegen eine neue wechseln. Es würde dann in den Jurten mehr und saubere Handtücher, neuere Zahnbürsten, neuere, sauberere Bettwäsche und Bettlaken geben. Einige Menschen haben es tatsächlich gemacht, aber nicht alle.

Galsan Stiftung

Meine Kinder machten darüber ihre kritischen Bemerkungen, Sohn Galtai, der jetzt die Stiftung leitet, der eigentlich alles leitet, so auch die Baumschule, also meine Fortsetzung, der künftige Häuptling, sagte: „Papa, so geht das nicht. Ihr habt das Geld schwer verdient. Und es so einfach zu verschwenden, das bringt nichts!" Im Grunde habe ich es ja schon vorher eingesehen: **Die Gier der Menschen war nicht zu befriedigen. Im Gegenteil, mit jedem Stapel Geld, das ich ihnen so einfach in die Hand gab, habe ich ihre Gier nur noch gefüttert.** Und sie wollten von mir noch mehr haben. Sie fingen an, immer größere Summen von mir zu erbetteln, wollten sich einen Fernseher zulegen, wollten für ihre Kinder Motorräder kaufen. Ja, sie wollten dieses kaufen, jenes kaufen und das gipfelte darin, dass sich alle Autos kaufen wollten. Keine neuen, schönen, teuren Westautos. Nein, so weit wollten sie noch nicht gehen. Es ging um 20–30 Jahre alte russische LKWs, längst halbkaputt, halbtot. Aber darum ging es ja nicht. Hauptsache, der Name, das Bild. Sie wollten neben ihrer eigenen Jurte so ein Vehikel hingestellt wissen. Wollten damit von anderen gesehen werden. Sie wollten, dass andere redeten: „Ach, die haben jetzt auch ein Auto!"

Mit solchen Autowracks ist jetzt die ganze Mongolei vollgestellt. Die werden viele weitere Jahre stehen und vor sich hin rosten, so lange, bis der Staat es so weit gebracht hat, Schrott zu zerschmelzen. Und dann haben wir die Stiftung gegründet. Die Galsan Tschinag Stiftung existiert nun seit fünf Jahren. Und jetzt haben wir angefangen, gezielt Projekte zu verfolgen. Zunächst war es das Baumprojekt. Ich wollte eine Millionen Bäume meiner Heimatsteppe stiften. Eine Million! Das ist in dem Falle schon viel. Man spricht von Zuun-Mod, von hundert Bäumen, das sind so Haine, kleine Restwälder. Im Sommer sehen sie wie richtiger Wald aus. In diesem bescheidenen mongolischen Maßstab immer in Hunderten gedacht, würde diese Million 10.000 Wälder ergeben – 10.000 Wälder!

Also, ich möchte manchmal vor mir selbst den Hut ziehen und mich ganz tief verbeugen, vor mir, der ich damals so leichtsinnig, nein, so mutig gewesen bin, dieses Gewaltige zu versprechen. Und da möchte ich zu jenem jüngeren, kräftigen Mann, der ich gewesen war, immer wieder sagen: Toller Kerl! (lacht), und dies auch, um mir, der ich jetzt um einiges unansehnlicher geworden dastehe als damals, Mut zu machen.

Gier

Ich wollte mehr, mehr, mehr ...

Im Grunde sind wir ja alle blöd. Wie blöd ich gestern war, du sagst, ich hatte so viele Samen gefunden, hunderte, tausende, aber ich wollte weiter, weiter, weiter welche sammeln, aber daran war das Gute: Ich habe die Gier der anderen Menschen verstanden mit einem Mal. Dieses Tierchen „Gierchen“ war auch in mir wach geworden. Ich wollte mehr, mehr, mehr haben, noch eine Handvoll, noch eine weitere, na gut, dann haben wir letztendlich zwei pralle Säckchen gehabt.

AB: Und der Unterschied zum richtig Gierigen ist, der macht ja weiter, was passiert dann bei dir?

GT: Ich erkenne mich irgendwann selber, **der gierige Kerl in mir wird erwischt von mir und dann sage ich: „Jetzt ist aber Schluss mit dir, du gieriges Wesen,** jetzt müssen wir fahren!“ Also, das bleibt in Grenzen, aber wenn ich so weiter, weiter, weiter alles haben würde, viel, viel Geld, ich wüsste nicht ... wie ich dann wäre.
Neulich ist unser Gastgeber Taxi gefahren: Er hat dann zwei alte Männer mitgenommen und die waren angetrunken und die haben einander erzählt. Plötzlich hörte er meinen Namen und der eine erzählte: „Da gibt es einen Reichen, der viel Geld hat und von seinem vielen Geld Bäume kauft und die Mongolei begrünt.“ Er hat so lieb von mir gesprochen. Und der habe dann gesagt: „Dabei sind seine Kinder recht arm“. (lacht) Aber damit wollte er mich loben – anstatt seine Kinder zu verwöhnen, gibt er sein Geld für Volk und Vaterland aus. (lacht)

Häuptling sein

Das Haupt, das Oberhaupt, der Kopf eines Körpers aus mehreren Teilstücken. Jedes Teilstück ist ein Mensch. Hier zwei Menschen, da drüben 202.000 Menschen, diese ergeben ein Volk. Und wenn der bestimmende Kopf, das Oberhaupt, fehlt, dann wären viele Köpfe am Werk. Bei Gefahr besonders, brauchen alle Köpfe einen Hauptkopf, das ist der Häuptling. Hierbei denke ich an die zwei Arten von Schlangen aus dem nomadischen Mythos: Eine Schlange hatte viele Köpfe. Und sie konnte leicht getötet werden bei Gefahr, da jeder Kopf in eine andere Richtung zog. Andere Schlangen verfügten über je einen einzigen Kopf, und diese konnten alle schnell in ein Loch verschwinden, sobald eine Gefahr drohte. Das ist, als wenn der Häuptling, der das Volk, den ganzen Körper anleitet, und die Richtung weist, sagt: „Ist genug, halt!“ Oder auch: „Los, jetzt können wir weiter! Das habe ich bei der Karawane sehr deutlich gemerkt. Habe da zwar auf die Ratschläge von anderen, Älteren und Jüngeren gehört, aber die letzte Entscheidung hat immer bei mir selbst gelegen. So habe ich so manches Mal gesagt: „Nein, das tun wir nicht!“ Oder: „Ja, das machen wir!“ Und das ist der Häuptling. Er ist ja der kleine Präsident, der kleine, ganz winzige Kanzler, der Vorsitzende, der Vorsteher, der Generalsekretär, der Leader. Dieses Wort lieben hiesige Menschen heutzutage besonders. Es gibt etliche Wörter dazu in der mongolischen Sprache, aber da jetzt die englische Sprache gilt, wieder einmal eine Gottessprache, dann reißen sie sich eben nach diesem Leader. Also Häuptling ist Leader, Häuptling ist Kanzler, Häuptling ist Generalsekretär, Häuptling ist Präsident, Häuptling ist Vorsitzender, Häuptling ist Vorsteher, Häuptling ist Chef.

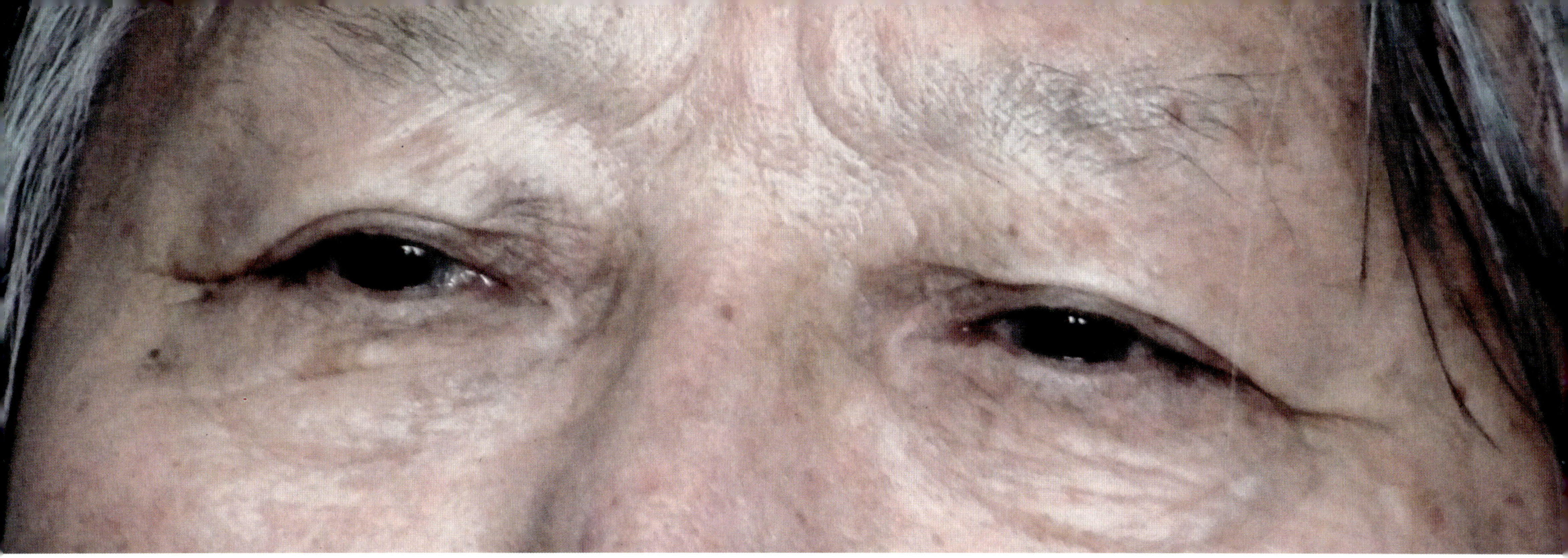

Bei Gefahr besonders, brauchen alle Köpfe einen Hauptkopf, das ist der Häuptling.

Häuptling ist alles. Obwohl er, von der finanziellen Seite her gesehen, gar nichts ist. Was ein Kanzler alles an Sorgen und Freuden kennt, kann ich als Häuptling sehr gut verstehen. Ich denke jetzt an unsere Kanzlerin in Berlin – bei dem Hochwasser, bei all dem Durcheinander. Deutschland ist ja ein demokratisches Land, ein sehr, sehr gut organisiertes demokratisches Land, deswegen kommen die Deutschen immer wieder gut aus solchen Gefahrensituationen heraus. Aber wenn Deutschland so wäre wie die Mongolei im Augenblick, ach, welche Schäden würde die augenblickliche Überflutung verursachen können! Das, was in diesem Land seit zwei Jahrzehnten herrscht, hat sehr wenig mit Demokratie, aber sehr viel mit Anarchie zu tun. Jeder will lediglich das tun, was ihm selbst Nutzen bringt. Und es geht nicht um die Wahrheit, nicht um das allgemeine Wohl. Es geht nur um die eigennützige Wahrheit, um das eigene klitzekleine Wohl. **Also, der Häuptling muss manchmal streng, dann wiederum milde sein. Bei allem muss er ein Mensch bleiben. Der Kopf ist dabei gewiss wichtig, aber das Herz wichtiger.** Ein Mensch kann intelligent sein, hohe IQ-Zahlen aufweisen, aber wenn es mit dem Menschen in ihm nicht stimmt, dann wird vieles schieflaufen. Darum darf ein Häuptling meinetwegen auch ein bisschen blöd sein, auch einige wenige rechnungsbezogene Fehler machen. Die Folgen lassen sich mit der Zeit dann wieder korrigieren. Aber wenn sein Herz, der Wohnort der Menschlichkeit nicht in Ordnung ist, dann kann ein Häuptling schon Dinge verursachen, die sich nie wiedergutmachen lassen.

Deswegen schaue ich immer auf den Menschen, auch wenn ich Entscheidungen treffe, wenn ich jemanden fördere oder jemanden in seiner Funktion umorte. **Der Mensch ist wichtig. Alles andere kann man lernen. Aber die Menschlichkeit nicht.** Das ist meine Erfahrung gegen Ende eines relativ langen Lebens. Die Obrigkeit dieser Welt scheint ja einige Besonderheiten zu haben: Die zeichnen einander aus, die vergeben einander die höchsten Orden und die größten Gehälter. Die essen auf Staatskosten, die fahren auf Staatskosten, die übernachten auf Staatskosten. Leben leicht. Bekommen aber die dicksten Prämien.

Ich bekomme keinen Lohn. Arbeite hart und verdiene dafür ein bisschen Geld von wo anders und bekomme noch von Leuten, die zu mir gut stehen, Unterstützungen in Form von Spenden. 10 Euro, 5 Euro, manchmal 50 Euro. Ich muss diese Summen hart verwalten, festhalten, dass das Geld nicht im Wind wegfliegt. Muss daraus Bäume machen, Regen machen. Und kaufe dafür auch warme Socken und Strümpfe, strapazierfähige Hosen und derbes, festes Schuhwerk für meine Leute. Außerdem muss ich den Kerl, der ich bin und der so gut wie nichts mehr braucht außer dem, was ihn am nackten Leben erhält, bei Laune halten.

AB: Kann man Häuptling auch lernen? Was braucht man dafür, um das zu lernen?

GT: Zwei Ohren vor allem. Für die ersten 20, 30 Jahre des Lebens so gut wie gar keinen Mund. Hier vorne zuhalten und da an den Seiten ganz offenlassen. Hören, hören, lauschen. Und zwei Augen zum Sehen. Also aufmerksam sein und dabei natürlich ein Herz und ein Köpfchen. Der Kopf gehört immer dazu, obwohl wir so wenig von Kopf und Hirn reden. Also, wir gebrauchen das Wort „Intelligenz", das vom Europäern so gern und oft gebraucht wird, fast nicht. Sicher muss der Mensch intelligent genug sein, um etwas zu lernen.

AB: Du hast eben gesagt Augen. Schauen die auch voraus?

GT: Das innere Auge, mein Lieber!

Das geistige Auge. Und dann doch der Geist und das Herz zusammen, als ein Organ. Heute früh hast du ja gesehen. Da lagen diese unordentlichen großen Haufen von dem Grob-Kies, von den Steinbrocken auf der Straße. Und die Autos fuhren schwer vorbei, zwängten sich dazwischen. Und so haben sie die kleinen Restwiesen an der Straße kaputtgefahren. Man musste sich mit dem Kies-Verteilen beeilen. Da habe ich, bevor noch gar nichts an dem Chaos getan war, hinter meiner Stirne oder innerhalb meines Herzens schon gesehen, wie die Piste bald ausschauen würde. So sind wir Menschen eben. Wir sind allen anderen Tieren überlegen, weil wir unser geistiges Auge arbeiten lassen.

AB: Aber gibt es auch Kritik, die man als Häuptling aus dem eigenen Volk zu hören bekommt?

GT: Ja, das sicher. So wie ich es während der Karawane immer wieder habe hören und spüren müssen. Einige Teilnehmer wollten dieses und jenes immer besser wissen. Das betraf vor allem wichtige Entscheidungen wie die Überwindung eines Flusses, wie die Umgehung eines Berges. Aber dann ging es auch um Kleinigkeiten. Es gab da hin und wieder einige Kerle, die immer besser Bescheid zu wissen glaubten. Wenn du solche in ihrer Eigenschaft vorher durchschaut hast, dann brauchst du davon kein Aufhebens zu machen. Du tust einfach, was dir richtig erscheint. **Aber dabei musst du immer darauf bedacht sein, Frieden zu bewahren.** Hierbei gibt es eine besondere Sache: Wir sind eine Gemeinschaft, in welcher die Altershierarchie herrscht und entscheidet. Wer älter ist, der steht höher, dessen Worte gelten als gewichtiger. Dies aber gilt nicht immer dem Häuptling gegenüber. Als die Karawane stattfand, da war ich im Vergleich zu heute noch jung. Es gab viele Ältere als ich. Und besonders jenen gegenüber musste ich immer wach und gerecht bleiben. Denn es gibt ja Menschen, die mit ihrem Vorzug, in dem Falle, mit ihrem höheren Alter durchkommen wollen. Sowie das Alter keine Schande, ist es auch kein Verdienst. Und um solche von deiner Richtigkeit zu überzeugen, musst du bei Auseinandersetzungen einfach besser argumentieren können. Und schließlich, wenn du es einmal geschafft hattest, wirst du das nächste Mal leichter akzeptiert. Aber das meiste, was ein Älterer sagt, hat einen tieferen Grund.

Also hat er recht. Und du als Häuptling musst so viel Weisheit aufbringen, seinem Rat zu folgen und dich bei ihm für seinen guten Rat zu bedanken. Das betrifft auch Jüngere. Wenn du so einem sagst: „Du hattest recht“, oh was glaubst du, wie er sich freut! Denn das ist eine Belohnung. Und er wird garantiert weitererzählen: „Weißt du was, der Häuptling mir gesagt hat, ich habe recht gehabt!“ Diese Art Belohnungen, die dich gar nichts kosten, zu verteilen, wäre ein guter Schachzug von dir.

AB: Du beobachtest ja viele sogenannte Führungskräfte bei uns in Deutschland, denen du begegnest. Ob das Manager sind, oder welche aus den Ministerien. Was glaubst du, was könnten diese von einem Häuptling lernen?

GT: Ja, ich würde zu so manchen sagen, mein lieber Junge, mein liebes Mädchen, komm doch einmal für drei Wochen zu uns, du hast dort manches zu lernen. Und wer meiner Einladung folgen würde, würde an Ort und Stelle sehen, hören, erleben, wie menschliches Miteinander in der kargen Sippengemeinschaft aussieht. **Die Schlichtheit und dennoch das Einfühlungsvermögen, die es den Menschen ermöglichen, zueinander innerlich nah zu sein.** Du hast die Ministerien genannt. Es sieht gut aus dort: gewaltige Gebäude, schöne Räumlichkeiten, feine, von Reichtum zeugende Ausstattung. Und nicht zu vergessen die vornehmen, tadellos sauber gekleideten Menschen. Nur, unverständlich, welche Angst diese Menschen in sich tragen. Ich kann es mir nur so erklären: Die Behörden müssen, je mächtiger, desto nachhaltiger, Angst absondern und sie dann auf die Menschen ausströmen.

Das erinnert mich an unsere eigene Vergangenheit. Jeder lebte in Angst vor der Stasi. Und diese wohnte in jedem Haus, in jeder Ecken und Falte des Hauses. Sie konnte so auch in jedem Menschen lauern und nach dir lauschen. Die menschliche Existenzangst scheint, allgültig und allmächtig zu sein. Unterm Faschismus und Kommunismus ging es um das nackte Leben eines jeden macht- und schutzlosen Menschen. Doch da konnte man auf die nahen, kleinen Chefs schon recht laut schimpfen, da hieß solches die prinzipielle Kritik um das Wohl des Staates und des Volkes, und daher war sie vom höchsten Gipfel des Staates aus sogar erwünscht. Im Kapitalismus geht es nun um das liebe Geld. Im Ersteren hieß die heilige Göttin Ideologie, vertreten durch die Partei und deren Führer, im Letzteren dreht es sich um das Interesse des Geldes und der Macht. Und dabei geht es hier in der Mongolei genau umgekehrt: Du darfst auf die Spitzen des Staats in der Ferne wettern, wie du Lust hast. Dafür aber darfst du dem kleinen Abteilungsleiter nebenan nicht im Leisesten widersprechen. Denn von ihm hängt dein Schicksal ab. Er kann dich feuern. Der mächtige Abteilungsleiter hat aber Schiss vor dem Betriebsleiter und dieser vor dem Konzern-Chef usw. Jeder zieht seine Angst aus einer bestimmten Quelle. Ich frage mich, ob das überhaupt noch Leben ist, die Zeit, die man ständig unter Angst hat verbringen müssen? So ist es in der Geschichte gewesen, und so geht es immer noch weiter. In der heutigen aufgeklärten Zeit, im 21. Jahrhundert. Unter der Struktur, die wir demokratisch nennen. Das ist lächerlich, mehr noch: tragisch. Ein Häuptling hat es da schon besser, trotz allem. Denn er ist von niemandem abhängig. Hat seine Rechte wie auch Pflichten. Wie bereits gesagt, bekomme ich ja als Häuptling keinerlei Lohn, bekomme in der Hinsicht gar nichts. Im Gegenteil, ich bin derjenige, der gibt. Bin wie ein Vater. Hat denn je ein Vater von seinen Kindern überhaupt irgendein Gehalt bekommen? Nein doch.

Dafür aber haben sich die Väter aller Zeiten um ihre Kinder gesorgt! So der Häuptling auch. Wie der Vater für seine Kinder gerne schuftet und glücklich ist, dass er solches tun darf, ist der Häuptling selig in seiner Rolle. **Er ist in der Rolle eines Leithengstes,** der versucht, solange ihm die letzte Kraft noch reicht, seiner Pflicht nachzukommen, seine Sippe, seine Familie, seine Kinder zu beschützen. Das ist der Unterschied zwischen einem Häuptling und einem Staatspräsidenten.

AB: Was geht da in deinem Kopf und deinem Herzen vor, bei all dem, was du auf Gottes Erde siehst, was da so schief läuft? Könntest du es einmal auch in der Politik versuchen?

GT: Es ist nun einmal zu spät. Als die Wende kam, 1990, haben mir einige Freunde und Schüler vorgeschlagen, ich soll kandidieren. Schon da habe ich nicht lange überlegt und gesagt: „Nein! Denn es ist besser, wenn ich weiterhin Bücher schreibe.“ Hätte ich damals kandidiert, wäre ich wahrscheinlich auch gewählt worden. Und was wäre dann aus mir geworden? ... Wahrscheinlich hätte auch ich, ich weiß es nicht so genau, aber wahrscheinlich hätte auch ich, der ich so allergisch dagegen bin und so klassisch-kommunistisch dagegen anzugehen pflege, Bestechungsgelder entgegennehmen müssen, aus dem einfachen Grund, um andere Kollegen nicht zu kränken, um nicht auch in der Politik als schwarzes Schaf zu gelten. Ich weiß es wirklich nicht, aber diese Gefahr besteht. ... Ich bin heute heilfroh über meine damalige Entscheidung. Ich will lieber ein Nichts in der Öffentlichkeit bleiben als zu einem Komplizen der so selbstgefälligen, in dem Staatsstall schlemmenden, vor eigenem Fett schwabbelnden Politiker zu werden.

Berufsverbot

1977 ging es mir sehr schlecht, nein, **es fing schon 1976 an. Ich wurde von der staatlichen Universität weggejagt,** wo ich ganze acht Jahre lang mit einem an Wahnsinn gleichenden Einsatz vielen Hunderten von jungen Menschen die deutsche Sprache beigebracht hatte.
Wie zum Hohn wurde ich eines Tages zum Volksfeind, zum Vaterlandsverräter gemacht und rausgeschmissen. Wurde sogar mit einem Berufsverbot belegt, das übrigens bis heute besteht. Ich wurde den ganzen Sommer von der höchsten Stelle des Stasi-Systems, von der Parteikontroll-Kommission, verhört. Ich hatte Morgen für Morgen Punkt 9 Uhr dort zu erscheinen. Und derjenige, der mich verhörte, sagte jedes Mal, wenn er wahrnahm, dass ich schon da war und wartend dastand, herrisch zu mir:
„Dageblieben und nicht weggehen!"

Als ich von einer Dienstreise wieder zurückkam, hörte ich, die Kontrollkommission habe etliche Male nach mir verlangt und befohlen, ich solle mich sofort melden, wenn ich zurück sei. Also eilte ich schnell hin und mein Peiniger empfing mich gleich so feindselig, wie immer, und schaltete schon wieder das Tonbandgerät ein. Daraufhin bekam ich die übliche Frage gestellt, aber nun sagte ich: „Diesmal werde ich erzählen! Ja, was ich von der Mongolischen Volksrepublik brauche, ist nichts weiter als 3 Liter Benzin und eine Schachtel Streichhölzer!" Der Beamte tat erstaunt und fragte: „Nanu, wozu das alles?" Und gleich kam aus mir die Antwort herausgeschossen: „Ich werde mich mit Benzin übergießen und verbrennen!" Das war damals die Zeit, da man immer wieder hörte, in Südvietnam haben sich buddhistische Mönche verbrannt. Nun tat mein Peiniger nichts eiliger, als das Gerät auszuschalten.

„... ich brauche nichts weiter als 3 Liter Benzin und eine Schachtel Streichhölzer! ..."

Ich aber rief: „Lassen Sie es doch laufen! Denn es ist meine ehrliche Antwort, mein letztes Wort! Viele meiner Freunde im Ausland habe ich darüber längst unterrichtet.
Ja, ich werde einen Tag wählen, an dem möglichst viele ausländische Gäste da sind. Und ich werde es auf dem Zentralplatz vor dem Regierungsgebäude tun!" Da wurde der mächtige Vertreter des Polizeistaates schon so merkwürdig, dass ich erstaunt auf sein Gesicht schauen musste. In dem Augenblick schien er, zu demjenigen zu werden, den die Angst peinigte. Und sagte irgendwann: „Nein, das machst du nicht!" – **„Ich mache es!"** Das erklang so trotzig, dass ich in mir seligen Mut spürte. Da griff er zum Telefon unter seiner Hand und verlangte nach Tee, zweimal.

... ich tue, was ich will.

Bald darauf kam Tee und wir sollten ihn zu zweit trinken, anscheinend, er als Gastgeber und ich als Gast, denn er stellte eine Porzellanschale mit Schokoladenbonbons auf meine Ecke des Tisches hin. Und irgendwann sagte er: „Du. Jetzt höre mir gut zu, mein Junge! Ich habe selber Söhne in deinem Alter, und ich weiß, du bist ein Arbeitstier, bist begabt und hast dazu noch die nötige Bildung, alle sagen das, loben dich also. Ich wollte dir einen bleibenden Schreck einjagen, damit du nicht auf falsche Wege gerätst. **Also wollte ich dich nur verschonen und jetzt ist die Sache zu Ende.** Ich werde dich nicht mehr kommen lassen. Aber vergiss nicht, dass der Staat seine Augen und Ohren überall hat und gewisse Dinge keinem Menschen erlaubt sind. Die Zeiten sind unruhig, es kann für einen schnell gefährlich werden. Nun sei unbesorgt und mache deine Arbeit gut weiter." Somit gab er mir die Hand, zuerst zögerte ich, griff aber dann doch danach. Die Hand war fleischig, warm und hatte einen festen Druck. So trennten wir uns im Guten. Die Stasi-Geschichte nahm auf diese Weise ein doch glimpfliches Ende.

Da musste ich wieder und wieder an die Worte meiner schamanischen Mutter denken und fing wohl an, den tieferen Sinn der Aussage zu begreifen: Wer den Teufel *Angst* von sich wegwälzte, indem er ihm die trotzige Stirn böte, würde wieder frei sein. Die alte schriftunkundige Frau hatte recht, auch mit ihren Worten:„Solange es mich gibt, gibt es kein Messer, das imstande ist, dich zu schneiden!" Ja, diese Worte begleiteten und beflügelten mich ab da. Ich lebe mit und von ihnen im Grunde heute noch. **Ich fühle mich frei und tue, was ich will. Und bis heute bin ich damit durchgekommen.**

Mut und Demut

Ich habe tatsächlich ein Mantra erfunden, mit diesem Mantra arbeite ich jetzt schon im dritten Jahr. Und es lautet: „Mut tut gut.“ Also weißt du wie gut das klingt und wie mächtig es wirkt, wenn man eine Gemeinschaft von fünfzig, hundert Menschen im Raum hat? Dabei kann man jedem Wort auch ein „Ommm“ vorgeben: „Ommm Mut – ommm tut – ommm gut – ommm Mut – ommm tut – ommm gut – ommm Mut – ommm tut – ommm gut ...!“ Viele, fast unzählig viele heutiger Menschen leiden einfach unter Angst, also besonders seit dem Beginn des großen Terrorismus, seit dem 11. September, das ist wirklich eine Schnittstelle in der Geschichte gewesen. Sowieso leiden viele Menschen an Mutlosigkeit, an Ängsten, oft auch unter der Vorstellung, sie könnten wieder Angst bekommen. Manchmal, wenn ich mit bestimmten Gruppen von Menschen gearbeitet habe, werde ich das Gefühl nicht mehr los, ob nicht ganze Städte und Staaten, ganze Teile der ganzen Weltgemeinschaft längst darunter leiden? Deswegen muss einer aufstehen und sagen: „Unser Leben ist nicht so schrecklich, wie ihr denkt, wir leben ganz gut. Also mir geht es gut. Denen geht‘s gut, uns allen geht‘s irgendwie gut. Und drum sage ich: Mut tut gut, Mut tut gut, Mut tut gut.“ Dir Kind, dir Mädchen, dir Jungen, euch Freunden möchte ich Mut schenken, euch möchte ich Mut einhauchen, einflößen, einreden. Um das sagen zu können, muss man es selber auch bisschen mit dem eigenen Leben bewiesen haben. Und das ist meine Devise. Hier musst du Mut haben – da aber Demut ... Mut-Demut, Mut-Demut, Mut-Demut ... das ganze Leben ist ein Balanceakt auf einer Wippe. Wenn wir beides nicht gleichzeitig in der richtigen Menge haben, dann können wir es nicht gut meistern. Zweifelsohne, das Leben ist schon eine gefährliche Sache. Da muss man klug – mutig-demütig – sein. Wobei du wissen musst: **Mit nur Mut kommst du nicht sehr weit, das wird dich bald zu Hochmut führen. Mit nur Demut schaffst du es auch nicht, das wird dich zur Arschkriecherei leiten.**

Dir Kind, dir Mädchen, dir Jungen, euch Freunden möchte ich Mut schenken, euch möchte ich Mut einhauchen, einflößen, einreden.

Mut tut gut, Mut tut gut, Mut tut gut.

Es gibt auch Unbescheidene, Undisziplinierte, Herausbrecher aus Reih und Glied, die aber Bewegung erschaffen. Oft sind solche Menschen, die, die Gesellschaft nach vorne bringen.

Also beides in richtigen Mengen, bitte. Mut-Demut, Mut-Demut, Mut-Demut. So überleben wir. Nun die Bescheidenheit, die sogenannte. Und die Unbescheidenheit, die sich längst zu einem der Hauptmerkmale heutiger Zweibeinigen ausgeartet zu haben scheint. Also, auch dazu habe ich etwas zu sagen. Zuerst zur Bescheidenheit, die von Natur aus gewiss eine Tugend ist. Wir brauchen sie, aber was sagt da der deutsche Volksmund? „Bescheidenheit ist eine Zier, man kann auch leben ohne ihr." Das ist zwar spaßhaft gesagt, aber dahinter steckt auch ein tieferer Sinn. Bescheidenheit ja, aber nicht immer, nicht auf Schritt und Tritt. Einer darf, muss ja auch unbescheiden sein. Bescheidenheit nicht im Sinne von Oberlehrern, von Abteilungsleitern, von Spießern, in ihrem Sinne, bitte. Denn da kann nichts Neues geschehen. Wenn alle so dächten und handelten wie jene ängstlich disziplinierten Steuerzahler, die nur darauf bedacht leben, den ordentlichen Bürger abzugeben, dann steckten wir nur im Stillstand. Aber dem Himmel sei Dank, es gibt auch Unbescheidene, Undisziplinierte, Herausbrecher aus Reih und Glied, die aber Bewegung erschaffen. Oft sind solche Menschen, die die Gesellschaft nach vorne bringen. Also die Künstler, die Wissenschaftler, die Genies.

Die in der Regel von Seiten der Mitmenschen meistens bemängelt und beschimpft werden. Solche unbescheidenen Menschen hat es immer gegeben, zu jeder Zeit. Nun will auch ich lieber einer von solchen Unbescheidenen sein als ein Bescheidener und daher gerade Gelobter und Geliebter von Seiten meiner mongolischen Öffentlichkeit, aber auch unserer Weltgemeinschaft.

Ich will, wo ich mich auch befinde, mein Umfeld ein bisschen aufstacheln, will es wecken und aufrütteln. Dabei stecke ich oft in einer Rolle, was mir dann und wann auch zum Schreien komisch vorkommt. Also, nach außen den Mutigen herauskehrend, während ich in meinem Innern sehr demütig bin.

Interessant, wie die deutsche Sprache, die sich sonst bei zusammengesetzten Nennwörtern geschlechtsmäßig immer nach dem letzten Wortteil richtet, bei dem Wort Mut plötzlich eine sehr sinnvolle Ausnahme macht: Der Mut, der Hochmut, der Hartmut, aber dann: die Großmut, die Sanftmut, die Demut.

Es gibt Menschen, besonders in der Oberetage des Lebenshauses wie Wissenschaftler und Künstler, die beleidigt sind, wenn ihre Schüler einen anderen Weg einschlagen als sie, die erleuchteten Hoheiten selbst. Was natürlich so beschämend klein, bedauerlich dumm gedacht ist. Auch in unseren eigenen Reihen sehen wir Bewohner der Kellerräume oder des Erdgeschosses hin und wieder, dass nicht wenige Väter von ihren Sprösslingen verlangen, unbedingt in ihre Fußstapfen zu treten. Jetzt aber rede ich wie ein Richter, wie ein Oberlehrer – wertend und richtend, nicht wahr? Die ungeschminkte, grausame Wahrheit, der ich mich stellen muss, ist: Auch ich selber bin nicht sehr glücklich, dass niemand von meinen vier Kindern mein künstlerisches Lebenswerk fortsetzt. **Ja, wie gern hätte ich gesehen, wenn das eine oder andere Kind zum Dichter, zum Schriftsteller geworden wäre!** Bei diesem Gedanken muss ich auch ein kleines Schauergefühl unterdrücken, weil mir dabei einfällt: Wenn dieser, mein Fortsetzer, die Aussicht gezeigt hätte, mich zu übertreffen – wie hätte ich mich da verhalten? Da fällt mir gleich der gute Vater Johann Strauss ein, der seinem Sohn, der zu seinem verspäteten Ärger auch noch Johann hieß, strickt verbieten musste, sich mit der Tondichtung zu befassen. In der Absicht, allein auf dem Gipfel des Ruhmes zu thronen! Und der tragische Konflikt zwischen dem großen Thomas Mann und seinem Sohn Klaus, oh je! Da nun leider oder zum Glück keines meiner Kinder den Künstlerweg des Vaters gegangen ist, darf ich nun ruhig bleiben. **Was sagt da Khalil Gibran sinngemäß? Dein Kind ist nicht dein Kind, sondern das Kind seiner Zeit!** Ja, jedes Kind, jeder Schüler muss seinen eigenen Weg gehen. Und dafür braucht er eine gute Portion Eigensinn. Wer diese Wahrheit anerkennt, sollte jedem seiner Sprösslinge seinen eigenen Willen unangetastet lassen.

Eigensinn

Wahrheit

100 Menschen werden 100 verschiedene Antworten finden.

AB: Wenn der reife Galsan dem jungen Galsan, der er einst gewesen, noch etwas auf den Weg geben würde, was nicht nur durch die Zeit gereift ist, welchen Ratschlag würde der Alte nun dem Jungen auf den Weg geben?

GT: Ich würde ihm sehr klar das sagen, was ich meinen Kindern bereits gesagt habe: Du hast die Auswahl. Entweder bleibst du bei der Wahrheit. Dann wirst du es schwerhaben im Leben, denn die Wahrheit ist sehr oft hässlich. Willst du sie bei ihrem Namen nennen, dann wirst du schwerlich Dank ernten, Lob hören und Freunde haben. Denn wahr ist, dass unsere lieben Nomaden recht leicht zu Aberglauben, Trägheit und Bequemlichkeit neigen. Doch wer hört es gern, wenn einer zu ihm sagt: Du bist dumm, faul und schmutzig! Die andere Möglichkeit ist, du tust, wie die Meisten es tun – verkneifst dir den wahren Sachverhalt und verschonst damit die Anderen. Noch krasser, du tust wie der weise, große Bernard Shaw – du sagst lachend das Gegenteil von dem, was du siehst, weißt, denkst: Lügst! Also, Bernard Shaw sagte zu einer Baronesse: „Uuui, Baronesse, Sie sehen blendend aus!“ Und jene, die hochnäsige, dumme Person, antwortete darauf abschätzig: „Schade, Herr Shaw, dass ich das Gleiche zu Ihnen nicht sagen kann!“ Da kontert der große Meister, der im Allgemeinen wegen seiner scharfen Zunge so gefürchtet war: „Tun Sie es wie ich, Baronesse, lügen Sie!“

AB: Aber dann wäre der Galsan nie zu dem geworden, was er nun ist!

GT: Nein, zu mir würde ich das anders sagen. Würde ich sagen: Du bist alles in allem auf dem richtigen Wege, aber du hast eine unausstehliche Eigenschaft, Menschen zu verletzen – durch dein Wortspiel. Und, sei bitte vorsichtig: Worte können verletzten. Eine Wunde vom Wort ist schlimmer als eine Wunde vom Messer. Die Wunde vom Messer heilt irgendwann, die vom Wort nie. Sei bitte, bitte vorsichtig! Jeder, der mir zugehört hat, muss mit vielen Fragen nach Hause gehen und selber nach deren Antwort suchen. Jedoch könnte ich für jene Leute auch gut Antworten entwerfen. Nur, warum muss ein anderer Mensch, der seinen eigenen Kopf und sein eigenes Herz hat, Antworten von mir gesagt bekommen? Er muss doch in die Lage sein, die Antworten auf die Fragen selber zu finden. Und ich weiß, 100 Menschen werden 100 verschiedene Antworten finden. Und jede Variante dieser Antworten wird zu dem Menschen selbst passen.

Also, deine Wahrheit ist nicht meine Wahrheit. Meine Wahrheit kann nicht zu einer Wahrheit für jedes andere Menschenkind werden. Meine Aufgabe wäre, in dir die Frage wach werden zu lassen, die dir keine Ruhe mehr gibt. **Du selber musst die Antwort finden.**

Liebe

Und solange die Finger von selber ein Nest, ein Jurte bilden, da dauert die Liebe noch an.

Es gibt von mir irgendein Gedicht, oh, wie ist der Titel, ich habe ihn vergessen, also vielleicht ohne Titel: **„Deine und meine Finger waren die Jurte, in der unsere Liebe wohnte"** – so fängt es an. Ich habe plötzlich zwei junge Menschen gesehen, die Hand in Hand gingen, so ganz locker. Und wie einträchtig, wie leicht alles da wirkte – die Finger haben sich kaum berührt, aber die gingen nicht auseinander, die gingen und ich habe ihnen angesehen, das waren frisch Verliebte. Und ich habe in dieser Kuhle das Vogelnest gesehen und dazu habe ich auch noch schnell gedacht, die Jurte ist doch unser menschliches Nest. Wohl haben unsere Vorfahren ihre Jurte den Vögeln, deren Nestern abgeschaut: auch rund, weich und warm und solange die Finger von selber ein Nest, ein Jurte bilden, da dauert die Liebe noch an. Aber was kommt dann? Dann fangen die Leute an zu heiraten und dann stellen sie die berühmten europäisch-preußischen Pläne auf. Die machen Anschaffungen, 10-Jahres-Pläne, zwei Schränke, zwei Betten und dann noch dies und jenes. Und dann nehmen sie Kredit auf bei den Eltern, bei Onkeln und Tanten oder bei der Bank. Die muss man zurückzahlen. Um es zu schaffen, arbeiten sie jeden Tag, rackern sich ab – und dann liegen jede Nacht zwei halbtote Körper nebeneinander mit dem Gedanken, morgen um halb 5, halb 6 wieder aufzustehen. Und eines Tages haben sie tatsächlich alles zurückbezahlt, aber dann steht keine Jurte mehr, dann steht eine Burg, in der sie selbst wohnen. Von Liebe ist keine Rede mehr.

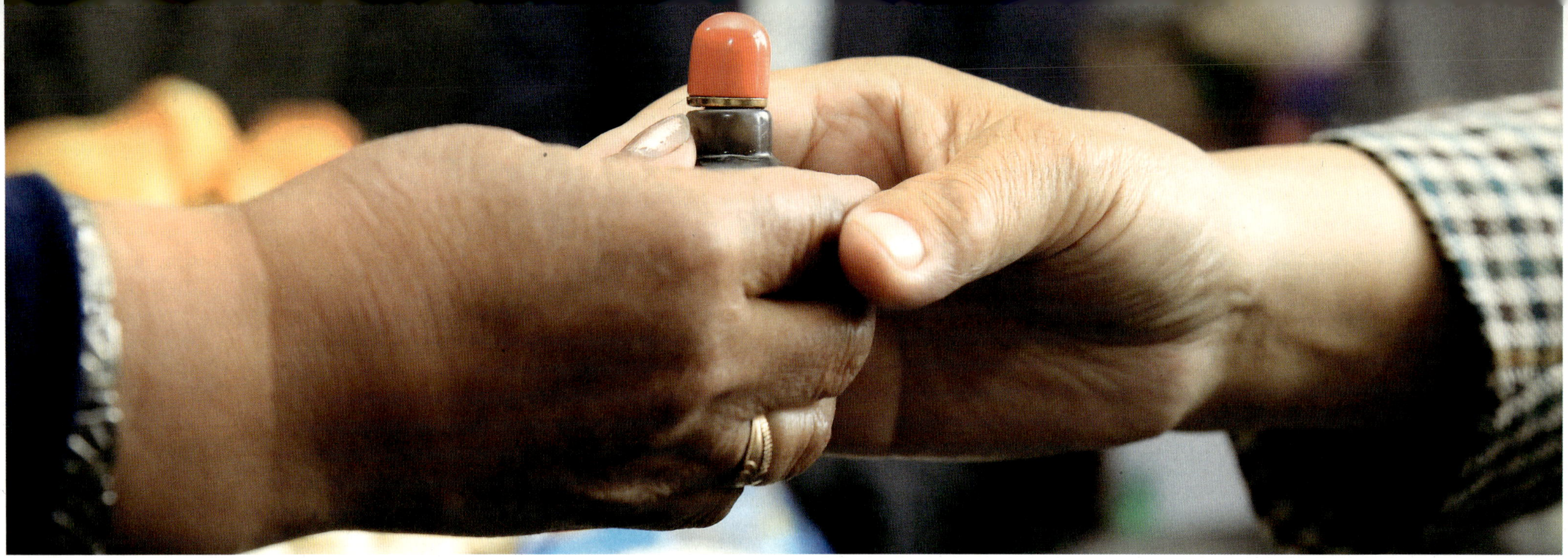

... denn in jedem Menschen liegt eine sonnige Ecke

Von einer Masse von Menschen habe ich keine sehr gute Meinung. Sie gleicht einer Schafherde und kann sich schnell als dumm und unberechenbar entpuppen. Deswegen möchte ich immer den einzelnen Menschen ansprechen. Als Einzelwesen sind wir eher verdaulich. Du musst nur bei demjenigen Menschen diejenigen sympathischen Züge antippen und schauen. Du kannst aus jedem Menschen etwas Wertvolles rausholen, denn in jedem Menschen liegt eine sonnige Ecke. Manche haben auch eine beschattete Ecke. Diese zwei Seiten voneinander abtrennen und an der sonnigen bleiben. **Jeder Mensch braucht eine Liebeserklärung.** Sie kann ausgesprochen sein oder nur angedeutet. Unter Umständen sogar geduldet und geschwiegen. Womit ich nicht jene Liebe meine, die die Medien in der heutigen Welt aufbauschen und vermarkten. Wenn man heute so von Liebe redet, dann läuft man Gefahr, falsch verstanden zu werden, manche denken immer gleich an das Bett, an bestimmte Körperteile des Menschen, an einen gewissen tierischen Trieb und ein bestimmtes biologisches Bedürfnis aller Lebewesen.

Liebe verstehe ich so, wie sie von Mahatma Gandhi und Mutter Teresa verstanden worden ist. Mein nächster Nachbar ist der 14. Dalai Lama. Und weil ich mich von dieser großen universalen Liebe anleiten lasse, muss ich immer an das Wohl des Volkes, meiner Nachbarn, meiner Kinder, meiner Schwiegerkinder, meiner Enkelkinder und natürlich auch an das der großen Menschheit denken. Aber das geht weiter. **Denke ich an das menschliche Wohl, muss ich im gleichen Atemzug auch an das Wohl der großen Mutter, der Erde, denken.**

Wenn ich auch verhungern würde, wäre ich dankbar, wenn ich dabei meinen Humor behalten könnte, dann würde ich lächelnd verhungern, mit einem trotzenden Lächeln wenigstens verdursten und den letzten Atemzug tun dürfen, bis es nicht mehr geht. Also ich bin sehr froh, dass uns Bergsteppennomaden diese Heiterkeit angeboren zu sein scheint, wir sind heitere Menschen, das hast du ja gesehen, alle lachen, der bald 80-jährige, seit langem kränkelnde Mann, der hatte doch noch seinen Humor, nicht wahr?
Und dessen Frau, das ist eine scheinende Sonne, eine seit 70 Lenzen dauerscheinende Sonne, zwar sehr arm, sehr dünn in der Geldbörse, aber voll, voll, voll im Herzbeutel. Wenn sie kein Geld haben, sagen sie, zwar sei kein Geld mehr da, aber morgen, spätestens übermorgen werde wohl welches wieder da sein.

Humor

Ohne Humor wäre ich verloren, wären wir alle verloren. Ihr habt ja mittlerweile wirklich alles. Lebt auf diesem wunderschönen Kontinent mit dem gemäßigten Klima und dem fetten, dunkelbraunen Erde, die wir gar nicht haben. Verfügt über die streichelnde und kosende Nähe so vieler Flüsse, so vieler Wälder und Berge. Und dann habt ihr die Industrie, die Maschinen, die zaubern euch Geld, Geld und nichts als Geld, das uns fehlt und darum uns zu Bettlern auf Goldklumpen werden lässt.
Doch sind viele hiesige Menschen trotzdem unglücklich. Warum? Ganz einfach, weil ihnen die Heiterkeit fehlt, die Seelen bleiben verschlossen, der Körper, der Magen schwimmt in Fett, dreimal am Tage vollgefüttert, vollgestopft, da wird schon nicht mehr gegessen, sondern gefressen. Das sage ich manchmal, wenn ich mich über den Missbrauch dieses Überflusses ärgere. Na gut, sie sollen ihre drei Mahlzeiten genießen, wenn sie es nicht anders können. Aber was ich schade finde, ist bei dem dick gepolsterten Menschen seine Seele, die arg vernachlässigt hinter einer verschlossenen Tür, wie in einem Gefängnis bleiben muss. Ja, die arme Seele ist auf diese Weise zur einsamen Insassin des Körpergefängnisses verdammt.

Also diese Heiterkeit ist unsere uneinnehmbare Burg, unsere Bastion, ein uneinnehmbares Versteck, ein Bunker.

„Ohne die Heiterkeit geht gar nichts. Heiterkeit ist Lebenssaft, ist Lebensfeuer."

Schamane

... er muss alles heilen. Nicht nur ein bisschen Schmerzen im Kopf oder in den Fingergelenken. Der Schamane muss auch die falschen Gedanken des Volkes heilen.

Schamanen sind Künstler, Lebenskünstler. In einem Schamanen ist ja alles, der Dichter, der Komponist, der Philosoph, der praktisch Denkende, der befehlsgewohnte Häuptling.

Der Schamane ist sein eigener Häuptling und des Volkes Stratege. Der auch gleichzeitig Praktiker ist, denn er muss ständig einen Weg finden. Der Schamane ist ein Mensch, der aus dem Wasser trocken auszusteigen hat. Wenn er das nicht schafft, ist er kein Schamane. Und natürlich der Heiler, er muss alles heilen. Nicht nur ein bisschen Schmerzen im Kopf oder in den Fingergelenken. Der Schamane muss auch die falschen Gedanken des Volkes heilen. Zwei Schamanen passen nicht in ein Berg- und Flusstal. Die müssen möglichst weit weg voneinander wohnen. Und außerdem noch dies: Unsere Schamanin hat mir von Anfang an verboten, sie nachzuahmen. So musste ich meinen eigenen Weg gehen und alles für mich selber erfinden. Das war auch so gut, war sehr, sehr weise.

Pürwü – meine Schamanin

Ich bekam ein Dienstauto und fuhr zu meiner schamanischen Mutter und sie freute sich, mich zu sehen. Ich fand sie draußen bei der Arbeit. Sie war dabei, festgefrorenen Yak-Dung von der Vornacht aufzulesen und wegzutragen. Nun ließ sie davon ab und ging schnell in die Jurte und kochte Tee, wie es sich gehört in solchen Fällen. Ich war mit einer Flasche Schnaps gekommen, das war eine eherne Pflicht für jeden, der aus einer so großen Entfernung kam. Denn sie trank gern. Nein, damit war zu wenig gesagt. Sie war längst sehr stark abhängig vom Alkohol, konnte, zu trinken, es nicht mehr aushalten. Befand sich meistens im Delirium. Also holte ich gleich nach dem Tee mein Mitbringsel raus und händigte es ihr aus. Sie griff schnell nach einer Trinkschale und trank daraus gierig. Dann aber schien sie sich zu besinnen und sprach: „Die alte Säuferin wird gleich nicht mehr zu gebrauchen sein. Also sollte, bevor es so weit ist, die unterbrochene Arbeit draußen verrichtet werden!“ Dann trat sie aus der Jurte, ich kam mit. Und nun übernahm ich die Hauptarbeit, indem ich die steinhart gefrorenen, da und dort zerstreut liegenden Dung-Stücke in eine große Schüssel zusammentrug und dann sie zu einem Haufen in einiger Entfernung fortschaffte. Und inmitten dieser simplen, aber anstrengenden Arbeit stellte sie sich mit einem Mal vor mich hin, schaute mir ins Gesicht und fragte: **„Was führt dich aus der großen Ferne zu mir, mein Kind?“** Ich sagte: „Ich arbeite für diesen Staat ehrlich und hart, aber alles, was ich tue, kommt immer verkehrt heraus, ich werde dauernd beschuldigt, ich würde dem Staat nur Schaden zufügen wollen. Und ich weiß nicht, warum es so ist.“ Da schaute sie mir nochmal scharf ins Gesicht und sagte: „Schau mir in die Augen.“ Ich versuchte zu tun, was mir geheißen war. Nur, es war nicht so leicht, in ihre Augen zu schauen. Das waren so übergroße und katzengrüne, rotgeäderte Augen, die auch noch deutlich angeschwollen waren wie bei vielen alten Leuten, wenn sie zu wenig geschlafen oder zu viel getrunken haben. Also konnte ich nicht so richtig darein schauen, ich musste ihrem Blick weichen. Da schnauzte sie mich mit ihrer krächzenden Stimme richtig an: „Ich sage dir, du sollst mir fest in die Augen schauen!“

(v.links: Reinhold Messner, Galsan Tschinag, Pürwü und andere)

„Mit dem Ding (Kamera), was du da hast, ... zieh dir doch den Schatten meines Lichts ab und trage es ständig bei dir."

Dann strengte ich mich an und tat, was mir geheißen war. Nach einer Weile wurde sie plötzlich ganz milde und sagte eher zu sich als zu mir, in einem klaren Ton: „Ach Himmel! Mein Kind ist doch ängstlich geworden!" Und später, nach einer ganzen qualvollen Weile sprach sie, nun an mich gewandt:

„Solange es mich gibt, gibt es kein Messer, das imstande ist, dich zu schneiden. So musst du der Gefahr, wie ernst sie auch ausschaue, furchtlos in die Augen blicken, und dann ist sie gebannt!"

Später entdeckte sie wohl den Fotoapparat an meiner Brust – sie war die Kinderkrankheit eines jeden neuen Journalisten: Egal, wer das war und wo er war, er trug immer einen Fotoapparat mit sich herum, denn dieses Gerät war das sichtbarste Zeichen eines Journalisten und Journalisten wurden im Staat gerade sehr hoch geachtet. Also sprach sie zu mir: „Mit dem Ding, was du da hast, zieh dir doch damit das Licht meines Schattens oder umgekehrt, zieh dir doch den Schatten meines Lichts ab und trage es ständig bei dir." Ich überlegte kurz und verstand sie. Nahm den Fotoapparat herunter, richtete seine Mündung auf sie und knipste. Sie hockte da und hielt auf dem Nagel des gekrümmten Zeigefingers ihrer Linken ein käfergroßes Häufchen, das sie soeben aus ihrer Tabaksflasche herausgeschlagen hatte. Das machen unsere Leute immer, wenn sie sich sehr geärgert haben und nun versuchen, zur Ruhe zu kommen, indem sie das leicht feuchte Pulver durch Schnupfen in eins der Nasenlöcher geräuschvoll hineinziehen. *(Er holt aus einer Brusttasche ein handtellergroßes, stark zerschlissenes Schwarzweißfoto und hält es vor sich)*. Habe dieses Bild geschossen. Da sieht man doch, wie entschlossen sie da hockt, zornig wie trotzig, aber auch stolz, ihres Wertes bewusst und ihrer Macht sicher. Da fragte ich sie: „Wie soll ich das Bild bei mir tragen?"Sie sagte: „An der nackten Haut." Ich sagte: „Das Bild wird doch schnell kaputtgehen." Sie sagte:„Soll's doch! Ich gehe ja auch kaputt, gehe zu Ende. Wenn ich nicht mehr da bin, dann kannst du es verbrennen."

Und so trage ich dieses Bild seitdem bei mir, nun schon im 37. Jahr.

Den Felsen ansingen

Meine allererste Aufgabe ist gewesen, dass ich einen Felsen ansingen musste. Meine schamanische Lehrerin hatte mir zwei Zeilen Gesang vorgegeben gehabt. Und ich sollte sie ein wenig weiterspinnen und am Ende ihr sagen, was der Fels darauf sagt. Ich habe mit meinem kleinen Spatzenhirnchen von einem fünfjährigen Kind damals gleich am Anfang gewusst, dass der Fels nichts sagen wird. Habe mich also gleich am Anfang dagegen gesträubt:

Was sollte der tote Fels auch sagen? Blödsinn!

Und ich habe den Fels angesungen (singt tuwinisch) – Nichts! Und ich sollte den Felsen wieder und wieder ansingen und das ohne jegliche Überzeugung. Mit dem Ergebnis: Nichts – ja, was sollte da auch herauskommen, so mit halbem Herzen ans Werk zu gehen, nicht wahr? Aber die Lehrerin bleibt unnachgiebig hart. Ihre Stimme wird immer strenger. Und die meine immer leiser. Es dauert nicht sehr lange, dass ich mich dem Weinen, den Tränen nähere (singt). Den ganzen Tag. Und den nächsten Tag. Und den halben Sommer lang. Eine schreckliche Quälerei. Und die Lehrerin sitzt selber da und flickt die Kleider ihrer vielen Kinder, flickt Stiefel, ist beim Kochen. Gleich, was sie auch tut, immer dieselbe Frage. Und bei mir – nichts, nichts, nichts ... Doch eines Tages wird es mir wohl zu viel, weil ich ja sehe, höre und weiß, die anderen Kinder dürfen spielen, herumrennen und toben. Sie dürfen Lämmer, Kälber hüten, reiten, jagen, aber ich stehe da, verdammt. Winsele und ziehe in immer kürzeren Abständen Tränen und Rotz hoch. Und da passiert es, dass ich durchgehe, mit meinen Nerven bin ich am Ende.

Und da gerade sehe ich den Felsen in mir.

Vorher aber schieße ich aus der Haut heraus und sehe mich, wie klein und armselig ich da stehe und vor mir der mächtige Fels. Nur, dieser Fels ist nicht der Fels, den ich gemeint haben müsste.

Es ist ein anderer Fels, der in mir steht, und da fange ich an zu winseln, zu singen, zu jammern, zu schreien, zu heulen und jaulen – ich

explodiere

und alle Menschen im Jurtendorf kommen herbeigeeilt und sie sehen, wie das Kind bockt und schreit und nicht aufhören will. Die Lehrerin bittet mich aufzuhören, jetzt sei es gut, doch ich denke nicht daran, auf sie zu hören. Und alle werden zu Zeugen eines Aufbruchs eines kindlichen Wesens. Das war die Geburtsstunde eines künftigen Schamanen. Das war so gewollt von der Lehrerin.

Heilen

... habe damit im Alter von fünf, sechs Jahren angefangen.

Schau mal, während ich jetzt heile, gut zu. Du hast ganz einfach Kopfschmerzen. Ich könnte auch mucksmäuschenstill sitzen und deinen Schädel kneten und die Schmerzen zur Ruhe bringen. **Aber wenn ich redend dich anfasse, erreiche ich eher deine Gesundheit, deren gesunde Mitte.** Warum? Weil ich der Dichter bin, weil ich der geübte Redner bin, weil ich eine geübte, geschliffene Zunge habe. Also würde ich dich von deinen blöden Kopfschmerzen redend schneller wegführen. Und du wirst eher gesund, wenn du an deine Schmerzen nicht denkst. Stattdessen, wenn du mir folgst, mir zuhörst. Da haben wir ja außerdem mit einer Klappe zwei Fliegen geschlagen. Die Schmerzen sind weg und du hast von mir etwas Gesalzenes und Gepfeffertes aufgetischt bekommen. Denn ich erzähle, während meine Hände arbeiten, kleine, köstliche, oft urkomische Geschichten, die ich erlebt habe, vielleicht, oder aber auch nicht, ganz einfach deswegen, weil ich sie nicht erlebt haben könnte, wenn du darüber später europäisch wach nachdenken würdest. Aber ich nehme mir einfach das Recht, an so einem Minigeschichtchen zu drechseln, zu drechseln, weil ich Künstler bin, ein Schriftsteller, der sogar Romane schreibt, der Geschichten mit freud- und leidvollen Handlungen herstellt und dafür von den Verlagen, die sonst so kritisch und knauserig sind, bezahlt wird. Und dabei bin ich der ältere Mensch, der ganz sicherlich mehr Erfahrung hat als dieser jüngere Hilfesuchende, den das Schicksal zwischen meine Krallen katapultiert, na gut, in meine Hände gelegt hat. Also sind alle Rollenfäden zusammengelaufen. Gerade habe ich „Krallen" gesagt, was dich vielleicht schockiert hat. Ach was, du siehst doch, ich bin kein Adler, nicht einmal ein Spatz. Dafür ein alter Mann, dem die gehäufte Unschuld auf dem Schädel flimmert und glimmert. Wisse übrigens, junger Mann, jedes Mal, wenn ich euch steinernste, beinkorrekte Europäer in meiner Nähe wittere, erwacht in mir die Lust, mit euch ein wenig zu spielen, euch in einen kleinen Schabernack hineinzuziehen. Erst gestern habe ich erfahren, dass solches im

Der Heiler hat kein Geschlecht, kein Alter, keine Nation, kennt keine Grenzen. Er ist nur ein Mensch, hat ein liebendes Herz in der Brust, ein verstehendes Hirn im Schädel.

Englischen *horse play* heißt und das war ... in Verbindung mit unserem guten Dalai Lama, der sich mit einem Prominenten ein Spielchen erlaubte. Ich nehme stark an, dass Seine Heiligkeit im Grunde dasselbe bezweckt wie ich auch, wenn er lächelnd, lachend, in lautes, volltönendes Gelächter ausbrechend, sanfte, mittelstarke, hin und wieder aber auch recht derbe Späße betreibend, durch die Weltgeschichte schillert, um die Steife, die jeder Hochachtung innewohnt, zu mildern. Aber auch, in einem weiteren Sinne: um den zum Ernst Erzogenen eine helfende Hand unsichtbar zu reichen: Komm, du, und steig aus deiner Rolle aus und betritt hier den Boden des Lebens, wo du doch als Kind gestanden hat! Also Rolle gegen Rolle. Nun, ich bin Vater, also klopft ein Vaterherz in mir, dieses Vaterherz kann aber schnell auch ein Mutterherz sein. Der Heiler hat kein Geschlecht, kein Alter, keine Nation, kennt keine Grenzen. Er ist nur ein Mensch, hat ein liebendes Herz in der Brust, ein verstehendes Hirn im Schädel. Und so laufen alle drei Hauptstränge zusammen. Und das auch beim Schreiben. Als Häuptling weiß ich in vielen Sachen besser Bescheid als irgendeiner nebenan, und ich kann an mein verlebtes Leben, die genossene wie auch ausgestandene Lebenszeit zurückdenken und darüber berichten.

Und da ich nun Heiler bin, kann ich das Gemüt der Gattung Mensch klarer verstehen, auch im Voraus. Da arbeitet mein geistiges Auge mit und wenn ich ein ganz bestimmtes Wort hinschreibe, dann weiß ich, wie dieses Wort auf den Leser wirken würde. Schriebe ich ein niedriges, schmutziges Wort, dann weiß ich, ich würde bei dem Leser Ekel erregen und ihn von mir abstoßen. Verwende ich ein gutes Wort, zünde ich den Geist des Lesers und ernte damit selber ein Krümelchen Grund, jenen als Freund zu gewinnen.

Ich knete menschliche Körper nun ein reichliches halbes Jahrhundert lang. Habe damit im Alter von fünf, sechs Jahren angefangen.

Und wenn man sich so lange Jahre damit befasst hat, dann bildet man sich eines Tages ein, jede Fingerkuppe sei mit so kleinen Äuglein ausgerüstet. Um dieses Gefühl in sich erwecken zu können, muss man den Körper an der nackten Haut anfassen. Blicke ich einem Menschen in die Augen, könnte ich auch so manches aussagen. So auch mit der Stimme. Während wir zwei hier seit Stunden sitzen und uns unterhalten, gibt mir deine Stimme zusätzliche Auskünfte. **Aber nichts gibt mir so viel und so genau Auskunft wie deine nackte Haut.** Am besten wenn ich dich mit den Flächen meiner beiden ausgebreiteten Hände vorne und hinten, oberhalb des Magens und in der Rückenmitte anfasse. Und wenn ich dich so eine Minute oder noch etwas länger angefasst habe, dann weiß ich, wie dein Körper klopft. Wie warm er ist. Wie fest er in sich ruht. Welche Gerüche er ausströmt. Wie wohl er sich fühlt usw. **Jeder Körper verfügt eben über seine eigene Sprache.**

Dann muss ich mich kurz in ein unsichtbares Vakuum stecken, meine Sinne zu einer Eilberatung zusammenrufen.

Und schließlich teilen mir das Herz und das Hirn in gegenseitigem Einvernehmen die Ergebnisse mit. Die beiden müssen ganz gleichberechtigt auftreten. Keines darf den Chef spielen. Täte das Herz dies, würden möglicherweise zu viel Ruh gespendet, möglicherweise auch falsche Hoffnung geweckt werden. Wollte das Hirn den Vorsitz führen, würde zu viel Kritik aufgehäuft und unter Umständen Angst geschürt.

Manchmal provoziere ich bewusst den Hilfesuchenden, um seinen Geist aufzuwecken.Und auch die Geister, die hinter ihm stecken. Ich will sehen, was die wissen, was die können. Ob sie die Dinge wissen, die ich bereits weiß? Oder sind sie mir unterlegen? Dann darf die kleine, freundlich neckende, spielerische Schlacht beginnen. Alles geht schon über eine Spielerei sehr locker.

Und irgendwann weiß ich, jetzt ist der Körper beruhigt, denn da fließt alles ruhig im Tempo eines gesunden Menschenkörpers. Und nun darf ich sagen: „Es ist gut. Kannst aufstehen." Ich muss manchmal die Waschmama spielen. Verlange nach lauwarmem Wasser, dazu auch Schüssel und Seife. Dann sitze und wasche ich von dem Menschen, dem ich helfen soll, erst einmal die Füße. Während ich so arbeite, drechsle ich an meinen lustigen, kleinen Geschichten. Zwischendurch darf ich den Weiterlauf der Geschichte auch kurz unterbrechen und die Sachen, die ich noch brauche, in einem ganz anderen plötzlich befehlerischen Ton nennen:

Handtuch! Schere! Einen Schluck Schnaps! Ja, auch Schnaps – ich darf es in meiner nomadischen Sippengesellschaft. Die Leute erfüllen mir diesen Wunsch herzlich gern. Ich trinke ihn aber nicht allein. Ich koste sogar nur davon und überlasse den ganzen Rest dem, dem ich die Füße wasche und die Zehennägel schneide. Zögert der Mensch zu trinken, frage ich ihn spielerisch laut: „Oder willst du, dass ich dich von Mund zu Mund tränke, ha!?" In solchen Fällen kann schnell die Frage kommen, ob er denn überhaupt Schnaps trinken darf. Parat ist da meine Antwort: „Was redest du von dürfen, wenn der Häuptling, der dich heute verarztet und morgen über deine so wunderbaren Füße eine Hymne schreiben wird, dir es erlaubt hat?"

Schwer sind die Folgen einzuschätzen, wenn solches in einem westlichen Land bei unseren lieben christlichen Brüdern und Schwestern geschähe. **In der nomadischen Jurte, in der sich die Geschichte abspielt, gibt es zuerst ein donnerndes, vielstimmiges Gelächter,** und darauf trinkt der Kranke die Schale leer und schaut auf mich mit dem Blick eines schwachen Schülers, der eine schwierige Aufgabe erstmalig richtig gelöst hat und nun mit einem Lob rechnet.

„Weißt du eigentlich, warum ich dir Schnaps zu trinken gegeben habe?"

Und ich erteile auch das Lob: „Bravo! Was wärest du auch für ein Tuwa-Nomade, wenn du keinen Schnaps hättest trinken können, nicht wahr?" Dann aber frage ich ihn, nachdem ich die unterbrochene Geschichte zu Ende erzählt habe: „Weißt du eigentlich, warum ich dir Schnaps zu trinken gegeben habe?" Er weiß es nicht. Das sagt nicht sein Mund, sondern sein Blick, der eine einzige Frage ist. Ich antworte darauf:

„Wenn ich dir anstelle des Nagels versehentlich eine Zehe abschneide – damit du keine Schmerzen mehr spürst!"

Gott allein wüsste, welche Strafe ich in einem Land, wo alles, selbst der Spaß, gesetzlich geregelt ist und alles, was nicht darein passt, als Verbrechen eingestuft wird, dafür bekommen würde. Aber hier nun werde ich mit einer weiteren Lachsalve belohnt. Und dem armen Kerl, der für eine kurze Weile recht verunsichert gewirkt hat, bleibt am Ende nichts weiter übrig, als ein verschämtes Lächeln zu zeigen. Dermaßen geht mein Waschaktion weiter. Dann trockne ich ihm mit einem endlich herbeigezauberten Handtuch die Füße. Und schließlich schneide ich den glänzend sauberen Zehen die Nägel ab und diese mit einer handspannenlangen Schneiderschere, bei der ich ziemlich aufzupassen habe, um jemandem nicht wirklich eine oder mehrere Zehe abzuschneiden. Nachdem die Vorarbeit auf diese Weise abgeschlossen ist, will ich mich endlich meiner eigentlichen Tätigkeit, der Behandlung des Kranken zuwenden. **Und da stellt sich heraus, dass das Gesicht des Kranken aussieht, als sei mit ihm eine Verwandlung geschehen.** Derselbe Mensch, der vor drückenden Schmerzen in der Brust zwei Nächte hindurch die Augen nicht zugemacht hat, stößt einen langen, befreienden Seufzer aus und sagt mit einer unglaublich munteren Stimme: „Ach, ich fühle mich so wohl mit einem Mal!" Ich stehe über ihn gebückt, seinen nackten Brustkorb in einem weiten Hemd zwischen meine beiden flach gelegten Hände gepresst, um seinen Zustand anhand seiner Körpersprache auszukundschaften. **Da sehe ich seine Augenlider zufallen und vernehme im nächsten Augenblick leises Schnarchen.**

Ich lausche, horche und empfange wellensanftes Wallen und Klopfen, hauchleises Rauschen und Säuseln. Das beruhigt mich sehr. Ich spüre in mir, wie sich eine feine Welle auslöst und allmählich meinen ganzen Körper erfüllt.

Es ist die Dankbarkeit, die dem Himmel, der Erde und allen guten Geistern im großen Raum gilt. Abermals haben wir es geschafft, denke ich still, aber auch voller Erschütterung um diese Stille.

Später werde ich von den Anwesenden in der Jurte gefragt, was da geschehen sei. Ich weiß es nicht, sage ich. Oder doch, ich glaube, es zu wissen. Dann dies: Es ist der Lohn, gestiftet vom Himmel, der mir und dem Schlafenden da gilt. Mir für meine Entschlossenheit, die ja auch so leicht hätte schiefgehen können, und ihm für seinen unerschütterlichen Glauben an den, der davor nicht zurückschrak, seinetwegen die Hand ins Feuer zu legen.

AB: Du hast das Schlüsselwort gefunden. „Zuwendung" ist das. Kannst du bitte das erklären?

GT: Also wenn du einem Menschen zuliebe alles Mögliche tust, was in deiner Macht steht. Und in dieser Opferbereitschaft wohnt eine Wunderkraft inne: Dies entwaffnet nicht nur den Menschen, dem du dich aufopferst, sondern auch so manche Geister, die dem beiwohnen und zuschauen. Und das ist wahrscheinlich die beste Spritze, die du dem Menschen je geben kannst. Eine Spritze in seinen gepeinigten Körper und in seine verwirrte, erschütterte Seele.

AB: Wie kann ich mich vor Krankheiten anderer schützen?

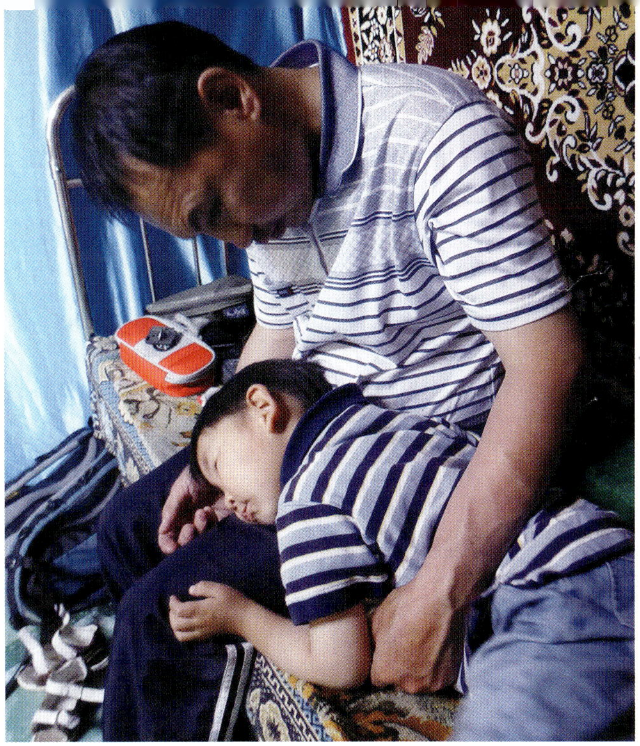

Zuwendung

GT: Wenn du weißt, du hast etwas Unappetitliches angefasst, dann zieh doch aus dem Tütchen ein Feuchttuch heraus und reibe damit die Hände! Oder wenn du es noch gründlicher machen willst, dann geh raus und wasche dir die Hände und nimm dabei Seife! Aber ob das reicht? Ich glaube nicht, beides wird nicht reichen. Denn das **Wichtigste ist: Du musst deine Seele, deinen Geist arbeiten lassen.** Im Klartext will das heißen: Die möglichen Bakterien musst du nicht nur von der Außenfläche deiner Hände, sondern auch aus deinem Geist und deiner Seele entfernen. Dazu brauchst du Übungen. Musst lernen, mit deinem Geist und deiner Seele umzugehen. Musst lernen, mit ihnen zu kommunizieren. Sie so weit bringen, dass sie mit deinem Körper den gleichen Rhythmus finden. Hierfür nehmen wir etwas sehr nach Einfachheit Ausschauendes, aber so einfach wiederum nicht ist. Du hast kalte Hände. Und das ist besonders lästig für einen Heiler, der ich bin, und für einen Entertainer, der du bist. Nun, wie kriegen wir es fertig, dass wir immer motztrockene, körperwarme Hände haben? Wir lehren unsere Seelen darin, dass sie für unsere Hände die Patenschaft übernehmen und sie ständig warm halten. Das geht nicht von heute auf morgen, aber wird damit nach einer relativ kurzen Zeit, sagen wir, innerhalb eines Monats, klappen. Du wirst es sehen. Meine Hände waren in jungen Jahren nicht immer so warm wie heute. Und sie sind selbst heute auch nicht immer so warm wie gerade in dieser Stunde. Wenn ich bei einem Spiel verliere, wenn ich auf einer Versammlung sitze und meinen Verleumdern zuhöre oder wenn ich im grausam dichten und gewalttätigen Verkehr von Ulaanbaatar Auto fahre, bekomme ich sehr schnell eiskalte Hände. Die Erklärung liegt auf der Hand: Mein Körper zieht sich zusammen und die Blutgefäße sind verengt. Also dagegen üben. Lernen, mich locker zu verhalten. Während meiner Lesereisen seit zweiundzwanzig Jahren nun habe ich warme Hände. Das kommt daher, dass ich meinen Geist und meine Seele bewusst darauf lenke. So auch zu Hause in der kalten Mongolei. Wenn ein Hilfesuchender kommt, stelle ich mich schnell darauf ein und wärme die Hände von innen her auf. Zu einem Seminar mit vielen Besuchern in anderen Ländern erscheine ich nicht nur mit warmen, sondern mit richtig glühend heißen Händen.

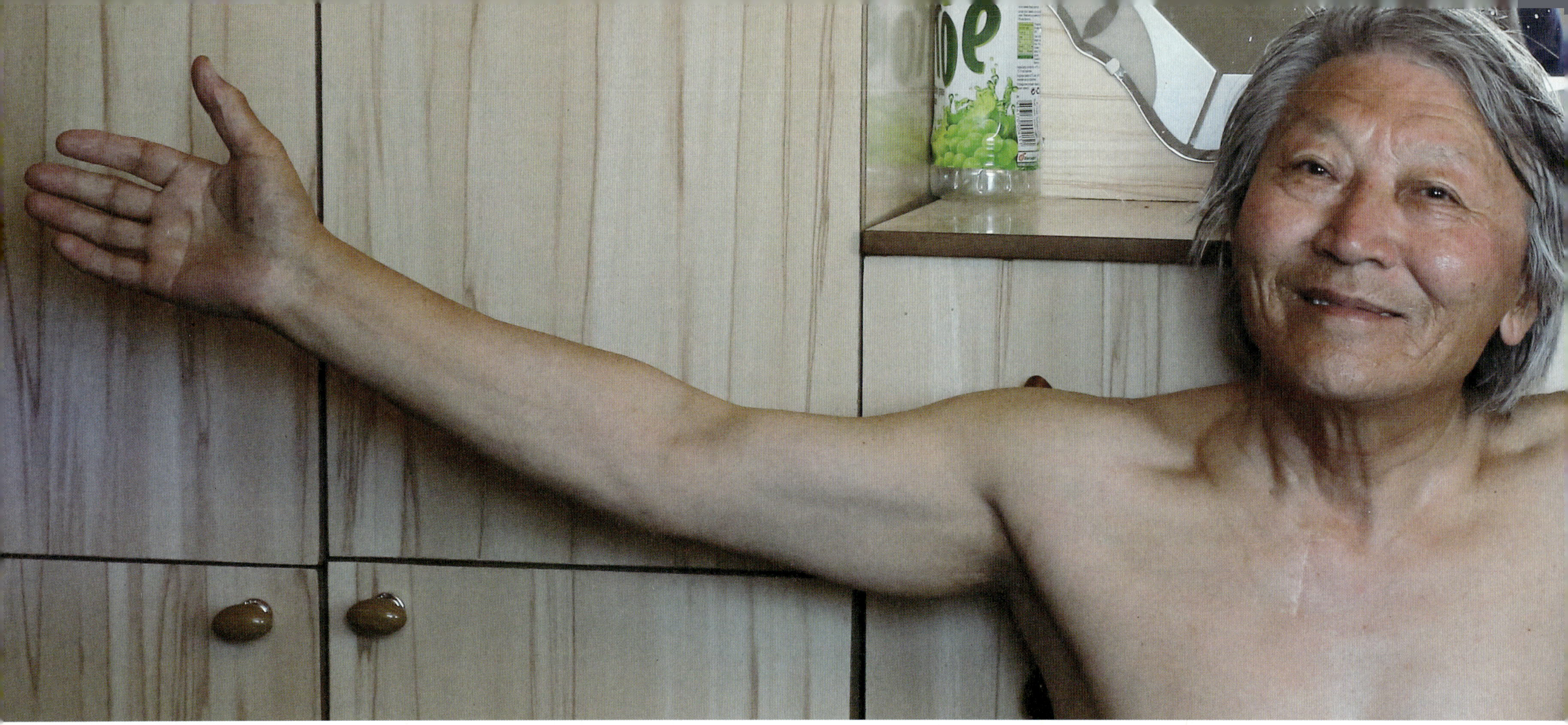

Wenn du in einer großen Gruppe drin gesessen hast, stundenlang hat man nur über Krankheiten geredet und da sind tatsächlich einige ernsthaft kranke Menschen. Die ganze Atmosphäre mit solchen Menschen und mit der schwülen, nicht wahr, stickigen Luft, da hast du stundenlang knirschende Knie, steife Nacken und Kreuze und sonst noch lauter Leid tragende Körperteile angefasst. Das Beste ist, du fasst mit beiden Händen gleich auf Metall – ableiten. **Und wenn du meinst, es könnte nicht ausreichen, dann gehst du hinaus, lässt kaltes Wasser laufen und hältst die Hände eine Minute lang da rein.**

Und wenn du abends in deinem provisorischen Zuhause im Hotelland ankommst, dann ausgiebig duschen, um all die fremden Ausdünstungen loszuwerden. Dann spielst du mit Hingabe die pingelig saubere Hausfrau und den rührend sippenseligen Opa abwechselnd. **Machst Ordnung um dich herum,** schaust dir die Geschenke und Einkäufe an. Hörst dabei eine schöne Musik, wenn sich

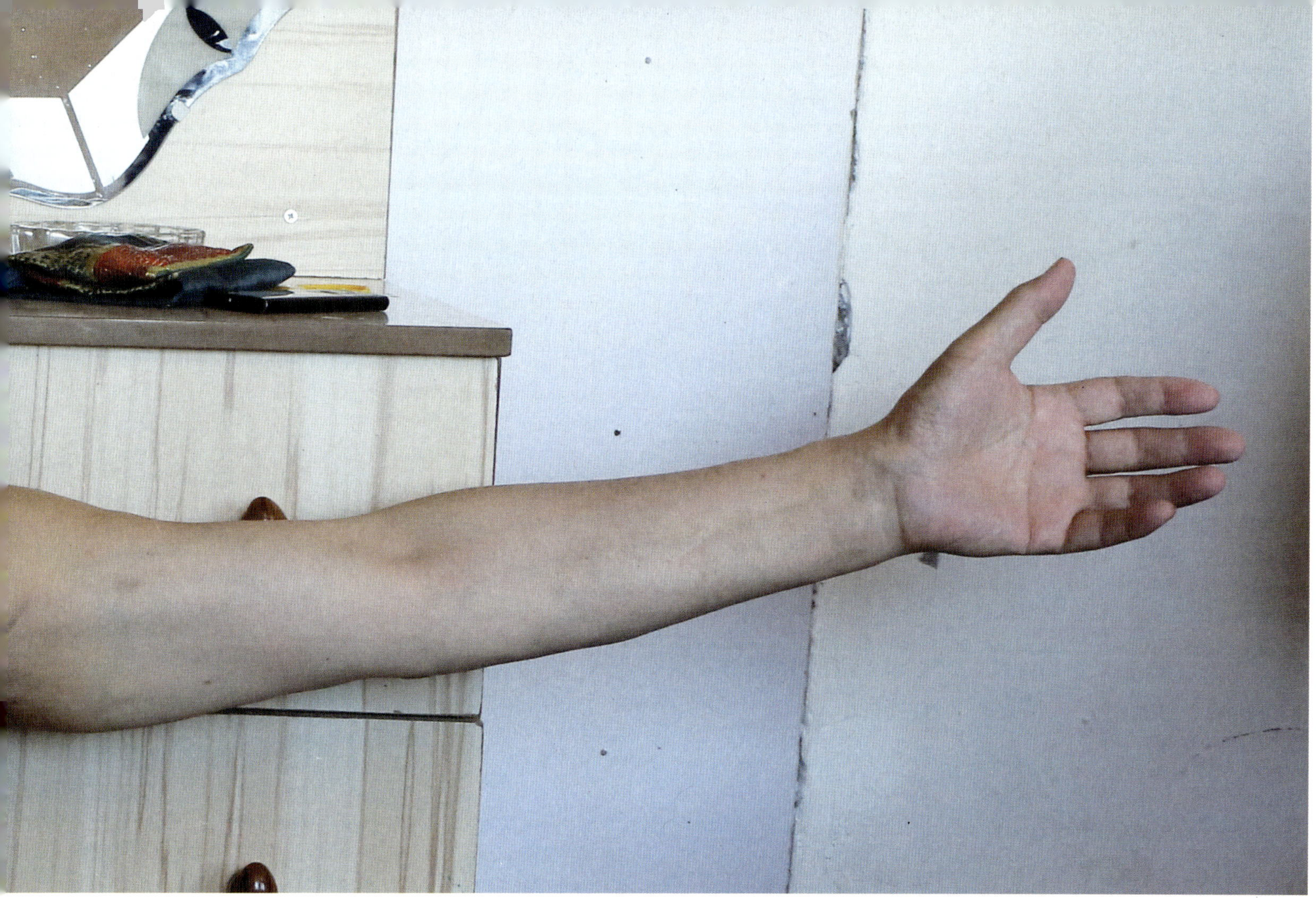

welche finden lässt. Legst dich ins Bett, streckst dich aus und versuchst, den Sternengeist des Hotels, genannt Qualität, zu genießen. So wird die Last eines Tages von deinen Schultern abgewälzt.
Und bevor du das Licht ausmachst, lässt du deine Augen unbedingt über ein paar Verszeilen gleiten. In der Nacht wirst du fast garantiert vom Vortag träumen. Von diesem und jenem Menschen. Das ist ein gutes Zeichen. Besonders wenn das Seminar am nächsten Tag fortgesetzt wird. Du wirst dich frisch fühlen, es eilt dich zum Seminarraum, wo deine Arbeitsutensilien und die Seminarteilnehmer auf dich warten. Und unterwegs dorthin wirst du merken,

du bist um den gestrigen Tag und die Menschen, die dir ihr Vertrauen geschenkt haben, indem sie dir ihre Sorgen und Freuden anvertrauten, mehr geworden.

Und nun wird der neue Seminartag damit beginnen, dass du zuallererst die Nähe derer aufsuchst, von denen du geträumt hast.

„Unser
Schöpfer ist
nicht dumm.
Der ist kein
Tagelöhner.
Der betrügt
uns nicht,
der pfuscht
nicht,
Pfuscherei
kennt
der Schöpfer
nicht."

Vater im Himmel

Ich meine, da oben steht ein unsichtbarer Dirigent oder Regisseur, ein Spielleiter ... Der gibt mir vor, was ich zu tun habe ... Ein unsichtbarer Helfer ... Hilfsgeister, vielleicht nicht gerade 10.000, vielleicht 9.999 – wie die Preisschilder uns weismachen wollen ... **Jenes Wesen steht mir bei, zeigt mir die Gehrichtung, beschenkt mich mit Ideen ...**

Jedenfalls bekomme ich alles, was ich brauche.

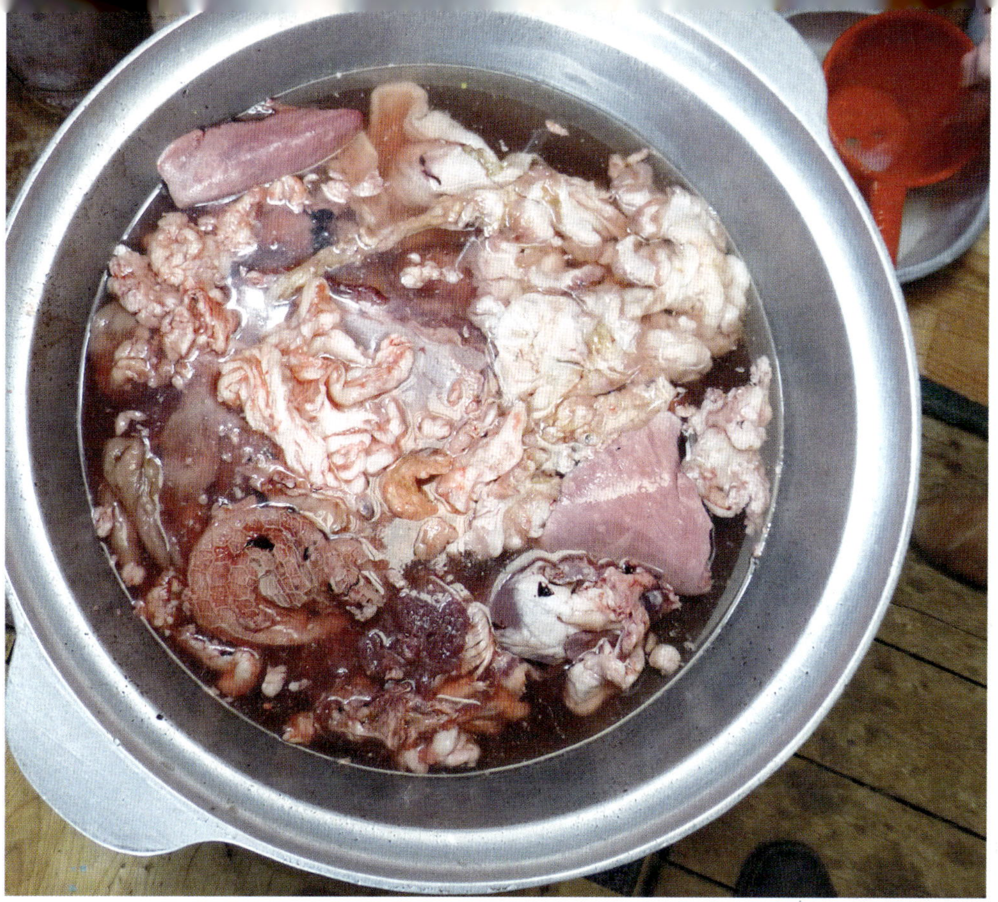

Ekel überwinden

Also, auch bei der Schamanerei und bei der Heilerei gibt es ganz einfache goldene Regeln. Die erste Regel: Grammatik. Die heidnisch-schamanische Grammatik. Kapitel eins, Unterkapitel eins und Punkt eins lautet: Das Gefühl vom Ekel ablegen. Also, ein wahrer Schamane, ein wahrer Heiler hat vor nichts Ekel und solang man dieses Ekel-Gefühl in sich abgetötet hat, bekommt man nichts ab. Ich könnte, denke ich mal, über eine verseuchte, verpestete Fläche gehen, also wenn das Mittelalter nochmal kommt und die Pest über uns alle ausbricht, dann könnte ich als Rettungspersonal überall arbeiten, wo die Pest gerade wütet.

AB: Kann man das lernen?

GT: Natürlich kann man es! Der Wille! **Du musst deinen Willen aufbauschen, aufziehen, mein Lieber.** Dann kann man lernen. **Also der Wille, der Wille entscheidet** ja über so viel anderes. Du kannst auch deine kalten Hände warm kriegen, wenn du das willst. Wenn du das wirklich willst, dass deine Hände jeden Augenblick, auch im Winter warm sind – ich trage ja nie Handschuhe, auch im Winter gehe ich mit freien, nackten Händen. Das kommt vom Willen. – Wenn du das unbedingt willst, immer Willens-Übungen machst, dann kannst du, darfst du schließlich auch warme, heiße Hände bekommen. So darfst du auch jedes Ekel-Gefühl in dir niederhalten, abtöten.

Angst überwinden

„Bitte nicht erschrecken, nicht erschrecken, nimm dich zusammen."

AB: Ja, herrlich! Gibt es noch andere goldene schamanische Regeln?

GT: Viele, viele, viele. Das Abtöten der Angst, also dem Wesen, das mir Angst macht, in die Augen zu schauen, in die Pupille. Das mache ich ja bei meinen Seminaren auch. Ich rede, tue so, und die Angstleidenden schaue ich so böse an: „Pass auf, nicht erschrecken." Also, ich hole meinen Wedel (rascheln), dann wedle ich. Ich tue das bewusst gefährlich, aber warne: „Bitte nicht erschrecken, nicht erschrecken, nimm dich zusammen." Ich erlebe immer wieder, dass die Augen nicht aufbleiben können, derjenige zuckt. Ich sage: „Wieder durchgefallen, aber jetzt. Mein lieber Junge, mein liebes Mädchen, das wäre jetzt die letzte Gelegenheit für dich, wenn du jetzt durchfällst, dann muss ich dich rausschmeißen. Dann gebe ich dich für immer auf, du kommst nie wieder zu mir. Jeder Weg wäre dann versperrt."

Das sind die ersten Schritte, wie man lernt, die Angst zu besiegen, um bissigen Hunden in die Augen schauen zu können. Das Gefährlichste wäre ja ein tollwütiger Wolf. Auch da lernt der Mensch irgendwann, ihm in die Augen zu schauen. Was ist ein tollwütiger Wolf? Das ist ein krankes Wesen. – Er ist wie ein betrunkener Mensch, wie ein von Reichtum verblendetes, ein blöd gewordenes Wesen, wie ein Millionär, wie ein Milliardär, der nicht mehr weiß, was er sich noch zulegen muss, der jetzt an sein viertes Haus denkt, die vierte millionenschwere Villa, obwohl er nicht weiß, wann er dort wohnen würde, also so ein hilfloser, zweibeiniger Wolf. – Und auch in dem Falle haben wir eine Regel. Als Kind habe ich immer so einem Stecken gehabt. Bin mit ihm in der Hand durch das Leben gerannt. **Was mache ich also, wenn ein tollwütiger Wolf auf mich zugerannt kommt? Nur keine Angst!** Wenn ich Angst kriegen würde, wäre es aus mit mir, aber so ein kleines Kind, was mache ich? Der Wolf hat das Maul aufgesperrt und ich halte mich so: Mich ein wenig nach vorne gerichtet, senkrecht, und dem Wolf, der auf mich zukommt und mich beißen will, fahre ich mit der Hand, mit der Faust und mit dem Stecken in den Rachen hinein, bis es nicht mehr weitergeht, also bis zum Anschlag. Dann lasse ich den Stecken dort und ziehe meine Hand wieder heraus! Nun ist das Maul vom Wolf aufgesperrt, und da passiert nichts, gar nichts mehr, denn ein Wolf, dessen Zähne den Dienst verweigern, ist das hilfloseste Wesen, dass du dir je vorstellen kannst. Dann kann ich ihm die Augen ausstechen, kann ihm auf die Schnauze mit einem Stein hauen, kann ihm jedes Haar ausrupfen, der Wolf kann nichts. Ohne die Zähne ist der Wolf gar nichts. So einfach ist das. Nicht nur tollwütige Wölfe, auch bissige Hunde, wenn die kommen und du denen ausgeliefert bist, musst du ganz wach bleiben und dich zusammennehmen, nur keine

Angst. In dem Augenblick, wenn der Hund dich beißen will, einfach mit dem Stecken hineinfahren und das zerstörerische Maulwerk ist aufgesperrt und fertig! Das Gleiche sollten wir auch gegenüber brünftigen Kamelhengsten tun. Die beißen auch, werden aggressiv im Winter, wenn sie ihre Brunftzeit haben. Und wenn so ein Hengstriese auf dich zu kommt, musst du sehr viel Glück haben, dass du unbeschädigt bleibst. Du hast mit dem Stecken, den du in seinem Maul lässt, zwar seine messerscharfen, fingerlangen Zähne außer Kraft gesetzt, aber der Kamelhengst ist ja kein Wolf, bei dem ist nun alles gefährlich, auch die Läufe, die können dich zertreten. Doch erst einmal hast du ihm mit deinem ellenlangen Birkenstecken wenigstens das zerstörerische Reiß- und Mahlwerkzeug gestoppt. Vielleicht wird er durch die Schmerzen, die er sich selber zufügt, seinen sonst recht gut funktionierenden gesunden Kamelverstand wieder erlangen? Wenn ja, dann hast du eben Glück gehabt.

Scheitern

Wer scheitert denn überhaupt nicht? Selbst Buddha ist gescheitert, Jesus ist gescheitert, und warum soll ich Angst haben in möglichen Situationen vor einem möglichen Scheitern? **Scheitern ist eine gute Lehre. Dadurch lerne ich Grenzen kennen.** Ich bin kein Gott. Er allein kennt vielleicht keine Grenzen. Ich als kleiner, menschlicher Läuserich bin mir der Grenzen bewusst, die mir gesetzt sind. Daher ist mir von vornherein gegeben, wenn es unbedingt sein muss, bis zu einer bestimmten Grenze voranzukrabbeln, und dann geht es einfach nicht mehr weiter. Also scheitere ich. Nun, wenn ich weise genug bin, dann sehe ich ein und gestehe mir zu: ‚Mehr schaffe ich nicht, also mache ich hier Halt!'

AB: Was hat dir geholfen auf der Wegstrecke, auf der Ebene der Durchsetzung, immer wieder am Werk zu bleiben? Was ist da deine Zutat im Gegensatz zu den Leuten, die aufgeben?

GT: **Der Glaube an meine Mission. Ich bin ein vom Himmel gemochtes Wesen.** Ich lästere zwar manchmal auch über den Himmel als altersgeplagten, vergesslichen Papa, aber ich meine es nicht wirklich, sag es nie gehässig. Mein übersteigertes Vertrauen zu mir selbst stammt von meinem Urvertrauen zum Wesen Mensch. Zu Gott. Oder lieber so: zum Schöpfer. Oder zu der Kraft, die im Universum steckt und von der jeder seiner Bewohner sein Teilchen einatmet. Also, ich habe mein universales Vertrauen. Ich bin verwurzelt in einem lieben Universum, in einem lieblichen. Etwas noch Schöneres und noch Helleres brauche ich nicht.

Das All, in dem ich lebe, ist edel genug, gut genug, lieb genug zu mir und diesem All liegt daran, seine Bewohner zu beschützen. So weiß ich: Ich bin ein Beschützter. Die Vorfahren wirken in mir, die Nachkommen werken an mir. Was auch für dich, für jeden anderen zutrifft. Zwar sehen wir nicht, was die Menschen vor 100, vor 1.000 Jahren gewesen sind, aber wenn ich so anfange zu brennen und zu leuchten, fantasierend und dichtend, schuftend und schwitzend, dann spüre ich, all die Gewesenen und Werdenden stehen mir bei. Das ist der Grund, warum ich sage, ich lebe seit 1.500 Jahren. Das ist wohl leicht übertrieben, aber ganz grundverkehrt und übertrieben kann es nicht sein. **Ja, die Vorfahren stehen hinter mir, stärken mir den Rücken und die Nachkommen stehen vor mir, beleuchten mir den Weg.** Und dann weiß ich auch dies: Ich brauche keinen Plan, denn ich kenne doch die Gehrichtung. Ich bin der Gaul, der läuft in Richtung Stall. Oder die Ziege, die gerochen hat, wo Wasser liegt. Oder das Schaf, das gespürt hat, wo Gras wächst. Eigentlich kenne ich von Anfang an meine Gehrichtung. Egal, was auch alles den Weg bespickte, es zieht mich in meine Richtung, mit mir dreht sich das Ziel, ich kann so gehen, oder so, oder so, ich werde ankommen am Ziel mit Vertrauen in Gott und in mich selbst, wo Seine, Gottes, Wohnstätte liegt. Und das ist der Grund, weshalb ich mir nie Gedanken darüber mache, wie ich das morgige Seminar gestalte. Oder wenn ich endlich nach Hause reite, brauche ich mich nicht zu fragen: Was mache ich, lieber Himmel, das Volk habe ich ganze vier Monate nicht gesehen, wie viele kranke Menschen werden auf mich zukommen? Wie viele Streitfälle muss ich schlichten? Wie viele Einladungen muss ich entgegennehmen usw.? Das alles weiß ich noch nicht, aber ich weiß eines: Ich werde alles schaffen!

Durch all meine freud- wie auch schmerzvolle Erfahrung, durch meine Gerbung durch das Leben bin ich zu dem geworden, der sich allen und allem zu stellen und dann auch mit allen und allem fertig zu werden weiß. Ja, das Leben hat mich so fest angepackt, so verdreht und gedroschen, und nun stehe ich da ein Wundergemisch aus einem Wunderstoff – felsenfest, wasserweich und formlos wie Luft, Licht. Ich glaube nicht, dass es eine Aufgabe gibt, imstande, mich völlig zum Scheitern zu bringen. Selbst dann, wenn ich damit nicht fertig werde, wüsste ich dann immer noch eine Erklärung, wie ich nächstes Mal oder ein anderer sie anpacken müsste. Im schwersten Falle auch so: Ich bin mit der Aufgabe nicht fertig geworden, weil sie ganz einfach über jede menschliche Kraft hinausgewachsen ist. Denn vor mir haben all die unzähligen Vorfahren sie nicht zu bewältigen vermocht. Aber hinter mir stehen genauso unzählige Nachkommen schon Schlange, vielleicht wird einer von diesen Künftigen sie zu bewältigen imstande sein. Denn ich glaube schließlich an die Kraft meines Volkes und um es herum steht das noch mächtigere Volk Ganzasiens, das wieder umringt lebt von der ganzen Menschheit. Und dieser Glaube verleiht mir, wenn ich angefangen habe zu dichten, auf welche Art auch immer, zu erzählen oder zu heilen, schließlich **die Kraft und die Festigkeit, des Erfolges gewiss zu sein: Es muss und wird werden!** In solchen Fällen denke ich längst nicht mehr an mich, sondern an uns. Wir. Wir sind die Mongolei, wir sind das Nomadentum, wir sind Asien, das Morgenland. Und neuerdings gilt dieser Gedanke dem Planeten Erde und der ganzen Menschheit.

Planetenretter

Wenn ich sage, ich möchte den Planeten retten, dann sage ich es immer ein bisschen spöttisch zu mir selbst, aber nicht rau und feindselig spöttisch, sondern sanft und freundlich spöttisch. Ich möchte mich damit wie ein Kind vorantreiben, das laufen möchte und sich einen Klaps auf den eigenen Hintern gibt. ‚Lieber Galsan, du wirst langsam alt, du brauchst ein bisschen Peitsche, also komm, Alter!' Ich will mir jetzt auch einen Namen als Retter des Planeten machen. Ich habe so großartig verkündet, ich würde den gefährdeten Planeten retten. **Also, wenn ich das wirklich so gesagt habe, dann muss ich auch arbeiten, muss ich ja zeigen, was ein Mensch alles wirklich zu schaffen imstande ist.** Wenn ein Mensch eine Million schafft, 2,7 Millionen, bald 3 Millionen Mongolen können ja die ganze Steppe begrünen, das ist meine Strategie. Oder wenn mich manche Menschen für dumm verkaufen und ausnehmen wollen, das tun sie übrigens jeden Tag, dann werde ich ganz nüchtern und sage: „Nein das mache ich nicht, deine Setzlinge sind mir zu teuer. Es gibt billigere und bessere dort drüben, die kaufe ich mir lieber." Man kann mich dann unmöglich für dumm verkaufen, aber in mir ist immer

Ja, sicher. Er war ein menschliches Wesen, das zumindest bestrebt war, edle Taten zu begehen.

der gesunde Menschenverstand, der normale Bürgerverstand. Ich könnte mir bessere, teurere, schönere Hosen anziehen, aber Gott, warum muss ich dafür mehr Geld ausgeben? Lieber werde ich mein bisschen Geld für neue Bäume ausgeben. **Von meinen Hosen wird die Nachwelt bestimmt nicht reden und schreiben, aber meine Bäume werden bleiben, den Planeten bewohnen und dabei sich noch vermehren. Jeder Baum, jeder Hain, jeder Wald – das ist mein Denkmal, das, was ich auf Erden zurücklassen werde.**

In 100 Jahren wird irgendeiner fragen, auf einen dunklen Wald zeigend, wer wird diesen Wald erschaffen haben? Ich höre einen anderen antworten, da hat ein Schriftsteller gelebt und geschuftet, der hat diesen Baum unserer Heimatssteppe gestiftet! – Oh, das muss ein edles Wesen gewesen sein! – Ja sicher. Das war ein edler. – Also hatte unser Volk auch edle, und weit denkende Menschen! Ja, solche Weisen hat es gegeben! Ich habe nichts dagegen als (lacht) Edler und als Weiser in die Welt einzugehen. Das ist alles nicht ganz ohne, was ich heute tue, nicht wahr?

weltinnenraum.de
J.Kamphausen|Mediengruppe

Es schreibt sich durch mich von selbst hindurch, möchte ich meinen.

Schreiben

Ich bin, wenn ich Schamane bin, dann ein schreibender Schamane, ein dichtender Schamane, und wenn ich Schriftsteller bin, dann bin ich ein schamanender Schriftsteller, ein singender, ein heilender Schriftsteller.

An manchen Abenden signiere ich an die hundert Bücher, gut, manchmal vielleicht nur 20–30. Aber meine Besonderheit ist, dass ich jedem Leser einen individuellen Spruch, wenigstens einen Satz, manchmal aber schon eine halbe, dann und wann auch eine ganze Seite als Widmung hineinschreibe. Da kann ich ganz einfach nicht aufhören. Es schreibt sich durch mich von selbst hindurch, möchte ich meinen. Besonders, wenn der Käufer des Buches sagt, es sei für einen anderen Menschen mit dem und dem Namen als Geschenk gedacht, da wird die Beschriftung noch ausführlicher. Und es kann durchaus vorkommen, dass ich noch auf die nächste Seite übergehe. Da nehme ich mir einfach Zeit. Denn ich sehe, die Menschen sind so gütig, dass sie meine Bücher kaufen. Ich bin doch ein Schriftsteller, der von den Tantiemen lebt. Und deswegen gerade will ich nicht nur der Nehmer sein, sondern auch der Geber. Gut, der Inhalt des Buches bedeutet etwas, das ist meine Aufgabe. Aber ich will dazu auch kleine Nebengaben gesteuert haben. Das ist ja für einen, der sich Zeit genommen hat, um zu einer zusätzlichen Erinnerung an den Leseabend, das Buch und dessen Autor zu kommen. So bin ich mit meiner Widmung dabei, an einer Mini-Kostbarkeit zu basteln. Denn das, was jetzt aus meiner Feder fließt, wird bleiben, eine kleine Brücke zwischen uns beiden, Autor und Leser, mucksmäuschenstill, aber immer quicklebendig, sooft der, der dort namentlich genannt ist, das Buch in die Hand nimmt.

Heute vor 11 Jahren, da war ich ja zum Weltpoesie-Festival in Medellin, der gewaltgefährdeten Stadt Kolumbiens, gefürchtet als Metropole der Schwarzen Mafia, und da musste ich mich mit dem Publikum auf meinem hinkebeinigen Spanisch verständigen. Und habe irgendwann gesagt: *la vida que vivo es la literatura que escribo* – **das Leben, das ich lebe, ist die Literatur, die ich schreibe. Erst leben, dann schreiben.** Oder umgekehrt, wenn ich an meinen letzten Roman „Gold und Staub“ denke. Viele Szenen waren erst einmal niedergeschrieben und dann erst ist ihm das gefolgt, was heute dort steht. Damals waren die Bäume noch gar nicht gepflanzt. Wir hatten den Friedhof gerade erst gesäubert. Und im Buch steht ja, „die Zäune sind gezogen und die Bäume sind gepflanzt“, aber später haben wir nach diesem Rezept, nach der literarischen Vorlage die Bäume gepflanzt.

AB: Das heißt, du hast sozusagen zuerst die Bilder gepflanzt und dann ist die Wirklichkeit diesen Bildern gefolgt.

GT: Ja, zuerst *la literatura que escrita* und dann erst *la vida que vivida*. Was heißen will – die Literatur ist geschrieben und das Leben gelebt.
Ich könnte jetzt jedes Buch schreiben, wenn ich das wollte, jedes Buch. Ich könnte einen neuen „Faust" in Angriff nehmen oder ein ... ach, was weiß ich. All die Bücher, vor denen ich mich verneige. Aber ich muss, ich werde den „Faust" dem Goethe lassen und Thomas Mann will ich seine epochalen Romane lassen. Und meinem Lehrmeister Erwin Strittmatter seine wunderbaren Kleine-Leute-Bücher.

Ich muss meine Bücher schreiben, meine Heimat ist hier, Mongolien, Steppe, Altai. Mein Objekt heißt Nomadentum, Schamanentum, Kargheit, Bescheidenheit, Ausdauer. Ich muss meine Helden danach schnitzen. Das muss altaisch, steppisch, nomadisch, schamanisch sein. Schon auf den ersten Blick müssen sie asiatisch-steppisch anmutende, irgendwie mit Yak, Fels und Wind verwandte, so kleinwüchsige, knupplige, harmlos spitzbübische Nomaden sein und dann werden ihnen ihre schamanische Seelen eingehaucht. Nur das ist es, was wirklich zählt.

Es hat keinen Sinn, den Großmeistern der Weltliteratur blindlings nachzuhetzen und zu versuchen, deren längst erschaffene Werke versteckt kopieren zu wollen.

Vielleicht habe ich mittlerweile zumindest einen Fuß über die Schwelle der Weltliteratur gesetzt und die Atemwärme der großen Geisterfamilie am eigenen Gesicht zu spüren vermocht? Ja, was ist überhaupt die Weltliteratur? Eine einzige Ansammlung von lauter solchen Werken wie „Odyssee", „Die göttliche Komödie", „Hamlet", „Die menschliche Komödie", „Faust", „Krieg und Frieden", „Der stille Don", „Der alte Mann und das Meer", „Abschied von Gulsary"? Eine Landschaft aus nur schneebedeckten Achttausendergipfeln? Es gibt auch bescheidenere Gipfel. Es gibt Ebenen und Täler. Und aus all diesen setzt sich die Weltliteraturlandschaft zusammen. Also müsste ich dann längst irgendwo in dieser gewaltigen, vielfältigen Landschaft stehen und gehen. Und dabei dürfte ich mit meiner kleinen, oft tragischkomisch wirkenden Besonderheit einem wachen Auge recht schnell auffallen. Der schamanische Dichter. **Ich schreibe zwar, wie alle anderen. Aber im Grunde singe ich, schamane ich.** Auch bei Lesungen brauche ich diese meine besondere Ader nicht zu verstecken. Und nehme mit allen meinen Hautporen die Luft, die ganze Umgebung wahr.
Der Schamane ist am Tische des lesenden Dichters nicht überflüssig.

Bilder

Und wenn ich diese Bilder einmal gesehen habe, dann lassen sie mich nicht mehr in Ruhe, sie saugen und ziehen mich vorwärts, tags in Gedanken, nachts im Traum. Also sind die Bilder meine Flügel, sie tragen mich.

AB: Welche Rolle spielen für dich Bilder, beim Denken, aber auch bei der Arbeit mit diesen kraftvollen Ideen und Visionen?

GT: Ja, ich sehe immer Bilder vor mir. Das ist ja die Urkrankheit, Erbkrankheit eines jeden Künstlers, egal, wie er da heißt: Dichter, Schamane, Maler. **In den Augen des Schamanen gibt es keinen absolut leeren Raum. Überall sieht er Wesen.** Das All ist eine Bildergalerie voller Leben, Seelen und Geister. Deren jedes Teilstück eigene Umrisse, eigenes Gesicht hat. Nur einer, der in der Lage ist, das All so wahrzunehmen, ist ein Künstler. Was man diesen dann nennt: Maler, Dichter, Komponist oder Schamane, ist völlig zweitrangig.

Für mich als Dichter ist das Bild die Seele eines Gedichts. Es gibt Autoren, deren Gedichte gar keine Bilder enthalten. Und das sind für mich keine Dichter, sosehr ihre Bücher schön gedruckt und ihre Sätze korrekt sind. Ich kann solche Bücher auf einer x-beliebigen Seite liegen lassen und weggehen. Aber wenn jedes deiner Gedichte als ein Gemälde erschaffen ist, dann kann damit kein Leser so umspringen, dass er auf einer x-beliebigen Stelle aufhört. Ein echtes Kunstwerk gleicht einem Magneten, lässt deine Augen, deine Ohren, deinen Verstand nicht wieder los, zieht deine Sinne an, saugt dich in sich hinein.
Und die Trennung von ihm bereitet dir Schmerzen. Daher kleben wir an einem Buch, mit dem Gedanken: noch eine Seite, noch eine, das Kapitel noch zu Ende … Es gibt Autoren mit einem halben oder ganzen Dutzend Gedichtbüchern, die aber trotzdem keine Dichter sind. Dann gibt es Autoren, die zeitlebens gar keine Gedichte, sondern nur Prosa, Prosa geschrieben haben. Aber einige von ihnen sind wirkliche Vollblutdichter. Einer von ihnen ist mein verehrter, großer Bruder Tschingis Aitmatow. Als ich vor wenigen Jahren von Ulaanbaatar nach Istanbul flog – es war ein so klarer Sonnentag –, da sah ich Kirgisien erstmalig von oben, und mir war, als säße neben mir der große Dichter, der unter mir eine riesige Rolle voller Bilder ausrollte.

AB: Spielen diese Bilder bei Visionen auch eine Rolle, bei deinen Ideen, hast du da auch diese Bilder, bei der Karawane, beim Planetenretten?

GT: Natürlich, wie heißt das in einem meiner Bücher? In dieser Ecke, wo „Gold und Staub“ spielt, schwärme ich doch von einer grünen Steppe mit einem rauschenden Wald aus 180 000 Bäumen und plätscherndem Wasser. Dieses Bild, obwohl ich gerade von lauter hässlich entstellten Gräbern voller menschlicher Körperreste umringt stand, noch vor Beginn der Säuberungsarbeit. Also war in meinem Kopf das Bild einer schöneren Zukunft längst erwacht.

AB: War das bei der Karawane auch, dass du vom Volkretten ebensolche reale Bilder hattest, die dich voranzogen?

GT: Ja, natürlich. Auch da waren meine Herztasche und Hirnschale längst von den Bildern einer gewaltigen Karawane aufgefüllt, lange vorher, bevor ich das erste Kamel überhaupt angeschafft hatte. Da habe ich vor mir eine Steppe gesehen, voll mit beladenen Kamelen und Reitern und Pferden, eine endlose Steppe unter brodelnden Staubwolken von den Hufen wimmelnder Herden und Horden.

Zweifel

AB: Hast du jemals auf dieser Reise zur Verwirklichung der Bilder auch Zweifel gespürt? Und wie bist du damit umgegangen?

GT: Ja, kleine Zweifel kommen immer wieder auf. An manchen Tagen hatten wir gar kein einziges Kamel mehr, wir hatten die ganze Kamelherde verloren, Pferdeherden gingen auseinander, Menschen waren verzweifelt, Fußkranke, Kopfschmerzende und misslaunige Menschen da und dort. Da kommt schon Zweifel auf. Doch habe ich ihn dann in mir niedergerungen und habe zu mir gesagt, ich werde unbedingt ankommen! Trotz dieser Selbstbestärkung habe ich in mir einen Gedanken immer wieder gespürt: Musste das alles wirklich sein mit dieser undankbaren Meute? Undankbar sind die Menschen, und ich quäle und rackere mich ihretwegen unnötig ab! Das war eine harte Lehre für mich. Und dann habe ich eine Sache sehr gut verstanden: **Wenn du etwas leisten willst, darfst du nie einen Gegen-Dank erwarten!** Also mache ich das alles ganz einfach für meinen Stamm, für mein Volk, für die Heimat, für die Menschheit, für die Erde, für den Planeten. Und für mich, damit ich am Ende nicht denken muss, meine Lebenszeit auf Erden ist so sinnlos verflossen! Übrigens sehe ich, die Erde ist dankbar. Schau mal meine Stecklinge,

da und hier überall, die fangen an, zu Bäumen zu wachsen, die werden eines Tages erwachsen dastehen, die werden mich als Wald umfangen, von allen Seiten, als Wald mich stützen. Die Erde ist dankbar, dass weiß ich nun ein für alle Mal. Aber ob die Zweibeinigen auch dankbar sind, das bezweifle ich schon. Und wenn ich das tue, dann bin ich bestimmt nicht der Erste. Viele der großen, edlen Geister haben an der Güte der Menschen gezweifelt.
Von Schopenhauer kenne ich ein wunderbares Zitat: „Seit ich die Menschen kenne, liebe ich die Tiere". Und mir ist so manches Mal sehr danach, in die Welt hinauszuschreien: „Seit ich euch kenne, oh Menschen, liebe ich Tiere und Pflanzen!"

AB: Gab's Momente, wo du fast aufgeben wolltest?

GT: Aufgeben? Nein doch! **Ich habe immer gewusst, und ich weiß es immer noch, ich werde nie etwas aufgeben, was ich mir einmal vorgenommen habe!** Denn es wäre doch schändlich und sträflich, so ein winziges Zielchen aufzugeben. Ja, die Karawane, das war wirklich ein lausbescheidenes, lammfrommes Ziel. Das war meine Warmlaufübung sozusagen. Eine Erkundungsprobe zu künftigen richtig großen Taten. Der Großtaten, die ich mir seit langem vorgenommen habe, sind drei. Das sind die Hauptziele, die Hauptstränge meines Lebensweges.

Gab's Momente, wo du fast aufgeben wolltest?

Das erste, das habe ich, dem Himmel sei Dank, schon frühzeitig angegangen. Bücher schreiben. Der ganze Ring, der das Nomadentum, Mongolentum und Schamanentum umspannt, soll aus 60 Büchern bestehen. 40 sind bereits erschienen. Ich habe noch alle Zeit der Welt, ich werde noch älter und hoffentlich auch weiser. Warum sollte ich nicht noch 20 Bücher schreiben können?
Unter uns gesagt, ich habe noch einen stattlichen Stapel unveröffentlichter Manuskripte. Sie ergäben mindestens fünf weitere Bücher. Und das, was in meinem Kopf liegt und gärt, würde für den Rest dicke reichen.

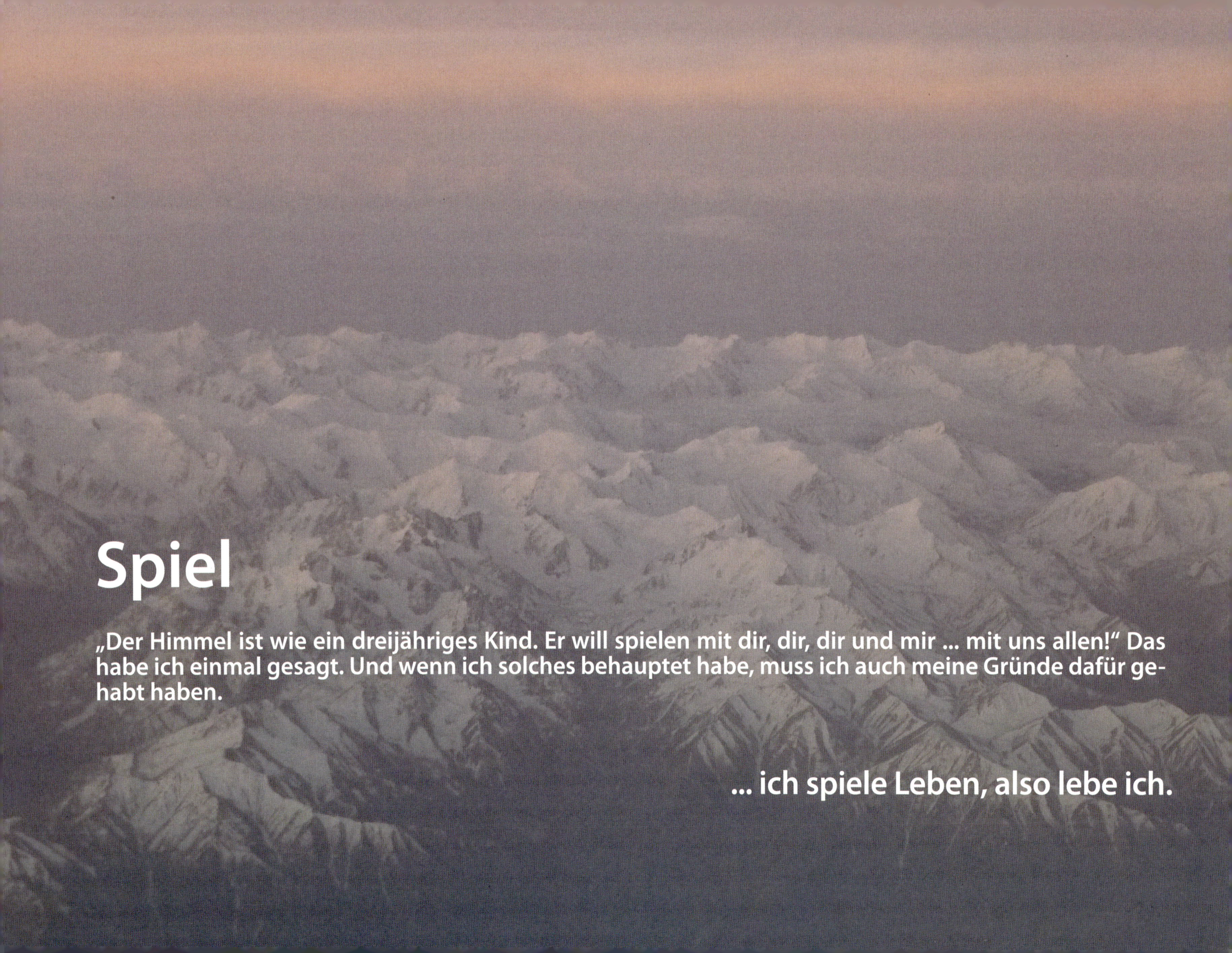

Spiel

„Der Himmel ist wie ein dreijähriges Kind. Er will spielen mit dir, dir, dir und mir ... mit uns allen!“ Das habe ich einmal gesagt. Und wenn ich solches behauptet habe, muss ich auch meine Gründe dafür gehabt haben.

... ich spiele Leben, also lebe ich.

Wie jedes Kindswesen, egal, ob vier- oder zweibeinig, war auch ich wohl ein verspieltes Kind. Unsere Schamanin war eine große, erwachsene Frau und auch sie spielte. Mit uns Kindern und mit ihrem Mann, vor allem mit ihm. Deren Spiel war von einer besonderen Art. Sie stritten und prügelten sich. Und das passierte dauernd. Doch das waren, wie ich später feststellen musste, Spielereien, ausgegeben als Streitereien und Prügeleien. So wie auf Theaterbühnen. Also war es jedes Mal ein Spektakel, aufgeführt innerhalb unserer Sippe. Also hatten wir nicht nur eine eigene Schamanin, sondern ein eigenes Theater, dessen Bühne die mittelgroße, windschiefe Jurte des Onkels und der Tante war. Die beiden waren die Hauptdarsteller auf dieser Bühne, und deren Kinder waren die Nebendarsteller. **Wollte die Schamanin von ihren Geistern etwas, da war sie meistens auf ein Spiel angelegt.** Die verkleidete und maskierte, große Frau redete und sang neckend zu ihnen. Die für uns unsichtbar blieben, von denen wir aber annahmen, sie seien mal ameisenkleine, mal yakgroße Wesen, aber ausnahmslos mächtig und lieb. Hin und wieder kam es vor, dass sie nicht erschienen und wegblieben. Da allerdings wirkte die große Frau recht hilflos. Und ihre sonst mächtige Stimme klang müde und am Ende sogar verzweifelt. Es konnte auch vorkommen, dass sie sich, anstatt mit ihrem Mann, nun mit ihren Geistern zankte Dabei merkte man dennoch, sie spielte die Verärgerte. „Ihr wolltet doch selber zu mir kommen, ihr habt mich so abgequält in diesem Leben, nun brauche ich euch, euren Rat, wo bleibt ihr denn, ihr Wolfsmäuler und Iltisärsche? Seid ihr schon wieder beim Fressen und Saufen? Oder seid auch ihr wie ich ertaubt und erblindet?" Irgendwann erschienen die Geister doch. Man sah sie selbst nicht, deren Gegenwart war aber unverkennbar. Denn etwas durchfuhr den Körper und die Stimme hob sich an. Nun konnte die Vorstellung beginnen. Den passenden Ausdruck hierfür scheint der Duden nicht mehr zu enthalten, ich bin immer noch auf Suche nach dem einen bestimmten Wort, im Glauben, dass die germanischen, keltischen und sonst auch vorzeitigen Schamanen wussten, mit welchem Wort sie ihr Tun bezeichnen konnten ...

Viele Jahre später nannte die Schamanin, von mir danach gefragt, diese qualvolle, peinliche Phase, die ein Produktionsleiter aus der heutigen Zeit als unproduktiv bezeichnen würde, Döse-Stunde des **fressgierigen, nacktärschigen Faulenzerpacks** unter dem Geistervolk. Eine typische Neckerei aus der Ecke Schamanerei-Meisterei. Also wieder Spielerei. Und das ist der Grund, weswegen ich irgendwo gesagt habe, der Himmel sei wie ein dreijähriges Kind. Er will spielen und spielen mit dir, dir, dir und mir, mit uns allen. Wir sollen nur mutig genug sein, mit ihm und all den Geistern, die den Himmel und die Erde drunter bewohnen, zu spielen. Leute bereiten sich ja vor, auf das, was sie demnächst anzugehen vorhaben. Ein oder andermal habe ich es auch versucht, um besonders gut zu sein, aber da ist nichts draus geworden. Dann habe ich es sein lassen und habe mich getröstet: Was auch kommt, ich werde damit irgendwie fertig! Gerade wenn ich an gar nichts denke, dann funktioniere ich als Mensch, was auch heißen kann, als ein *Supercomputer GT*.

Da lasse ich mich vom Fluss der Zeit, des Augenblicks tragen. **Und das Leben ist so reich, dass ich jede Stunde, jede Minute etwas Neues aufgetischt bekomme.** Meine Aufgabe ist nur, das anzunehmen und damit fertig zu werden. Und da bin ich mit im Spiel. „Ich spiele" heißt ja im erweiterten Sinne: Ich spiele Leben, also lebe ich. Und das geht sogar so weit, dass ich meine ganze Literatur als ein Spiel verstehe, geraten nach dem Leben, das ich habe leben dürfen.

„... Wenn Du jedem gefallen willst, dann bist du niemand. Dann kommst du nicht zum Zug."

Nicht gefallen müssen

AB: Du hast vorhin auf der Straße etwas Wunderbares gesagt, zwischendurch, als ich einen Stein aus dem Weg geräumt habe: „Du musst nicht gefallen wollen!" Das finde ich nochmal ganz existenziell, ganz grundsätzlich.

GT: Das ist es. Wenn du jedem gefallen willst, dann bist du niemand. Dann kommst du nicht zum Zug. Du musst es schaffen und davon sind viele betroffen, unangenehm betroffen. Aber du musst das schon von vornherein wissen. Ich muss dies Straße hier jetzt pflastern. Das gefällt keinem der vorbeifahrenden Leute, die im Auto sitzen. Die sind alle verärgert, aber ich weiß, wenn die Piste fertig gepflastert ist, dann werden alle irgendwie dankbar sein. Ach, jetzt kann man wenigstens 50 m staubfrei fahren.

AB: Du mutest ja Menschen vorrübergehend etwas zu und sagst, es ist wichtig, das jetzt auszuhalten, weil der Zustand danach etwas Besseres verspricht.

GT: Das ist immer so – auch gegenüber meiner eigenen Familie. Es ist ein Leben lang für meine Frau belastend gewesen, dass ich um vier Uhr aufstand, ein Leben lang um vier Uhr aufgestanden. Um vier Uhr, das ist ja eine Zeit, wo der Mensch tief, tief schläft. Meine Frau ist jede Nacht geweckt worden um vier Uhr. Ich bin aufgestanden und das ist für sie eine Zumutung gewesen, aber dass wir heute einigermaßen leben bei diesen wahnsinnigen Preisen, dass wir zu essen haben und ein Obdach über uns haben, dass wir ein Auto haben, dass wir dieses haben, jenes haben, das wir nicht hungern müssen, nicht frieren müssen, das habe ich mir erschrieben.

Wenn ich, um meiner Frau zu gefallen, immer liegengeblieben wäre, davon viele Stunden wach gelegen hätte, da wären die Bücher nicht entstanden. Da hätten die Bücher kein Geld zu uns gebracht, da hätten wir diesen bescheidenen Wohlstand nie erreichen können. Und das sollte jeder Bürger in diesem Staat begreifen.

USA

3RD

Selbstbewusstsein

AB: Heute Morgen am Küchentisch haben wir ja über uns als Wesen gesprochen, die Zuwendung und gute Worte brauchen, und jeder von uns hat ja auch Eitelkeiten. Und was ich an dir bewundere, ist so eine Mischung zwischen „Ja, ich bin toll" – das ist ja auch eine Form von Narzissmus (...), oder Stolz – und wie wichtig ist das, wie erlaubst du dir das und womit brichst du es hinterher wieder? Es ist ja beides bei dir da.

GT: Das ist eines der Grundelemente, wie der Schamane sagt, wenn er am Ende seiner Möglichkeiten ist, wenn er nicht weiterweiß, da sagt er – nicht aufgebend, aber feststellend: **„Ach Kinder, es ist ja letztendlich alles ein Spiel."**

Also für mich ist das ganze Leben eigentlich ein Spiel, eine Möglichkeit. Wie leicht hätte es sein können, dass es uns als Menschheit nicht mehr gibt. Das ist so leicht, aber es gibt uns nun mal. Wie leicht hätte es sein können, dass ich nicht geboren bin. Ich bin jetzt geboren worden und sitze da, wie leicht hätte es sein können, dass ich als Kind schon gestorben wäre. Und dann das Spiel. **Wenn man das Leben als Spiel betrachtet, dann ist es leichter erträglich.** Und dann muss man sich ja irgendwann auch ein bisschen aufmuntern. Warum soll ich für all die Quälereien, die ich freiwillig auf mich nehme, den alten Mann weiter schuften lassen, immer ohne Anerkennung lassen?

... eigentliche Initiation

Von den neun Geschwistern, die meine Mutter auf die Welt gesetzt hat, sSind ja fünf schon gestorben und vier als kleine Babys. Ich habe alles überlebt, ich habe die Masern und Windpocken und alles, alles, alles, was es an Kinderkrankheiten gibt, überlebt. Ich habe die Verbrühung überlebt. Ich bin im Alter von 2 Jahren in heiße siedende Milch in den Kessel reingefallen. Und die ganze Haut war ab, als man mir die Trachten auszog, und man hat mein Herz gesehen, wie hinter einem dunklen Vorhang. Das kleine Vöglein hat immer sich bewegt und dadurch haben die Leute gewusst, dass ich noch lebte, als ich noch in tiefer Bewusstlosigkeit da lag. Aber der kleine Sperling hat sich immer bewegt. Ich habe selbst das überlebt und heute bin ich sogar glücklich darüber.

Das ist meine eigentliche Initiation gewesen – buchstäblich ist mir die Elefantenhaut abgezogen worden und ich habe eine ganz neue feine Haut bekommen.

Das ist der Grund, weshalb ich so sensibel bin, weshalb ich immer Dinge spüre, die im Kommen sind, die aber noch hinter vielen Bergen weilen.

Spinnerei

Spinnerei ist ja Spielerei. Wird dir das Leben zu unerträglich und erscheint dir die Last zu schwer, da ist sehr hilfreich, wenn du erst einmal tief Atem einholst und dann dir sagst: Verdammt, es muss doch einen Ausweg geben! Und wenn du sogleich anfängst, danach zu suchen, als Spieler, als Spinner, dann bist du wenigstens abgelenkt davon. Und schließlich wirst du am Ende der Düsternis tatsächlich ein schwaches Licht sichten. **Im Spiel wohnt große Kraft. Nicht umsonst wollen Kinder nichts so dringend tun, als zu spielen.** Aber spielen bedeutet nicht einfach gedankenlos Karten mischen oder Schachfiguren übers Brett schieben. Spielen ist vor allem denken. Und hast du deinem Hirn einmal Tor und Tür aufgemacht, wirst du bald erfahren, wie das Feld immer größer und lichter wird. Und angesichts dieser Weite und Helligkeit wirst du erkennen: Auch große, ernste Dinge kannst du zu deinem Gegenspieler machen. Und bleibst du unerschrocken daran, wirst du mit einem Mal zur Kenntnis nehmen, wie sich der Gegenspieler in einen Mitspieler verwandelt. Nehmen wir es einmal wörtlich und nehmen wir das Feuer. Mit dem Feuer spielen will und kann nicht jeder. Wer es dennoch tut, ist also kein Gewöhnlicher. Und während du dieses Spiel betreibst, erkennst du deinen eigenen Wert. Und starke, gefährliche Wesen erziehen ihr ganzes Umfeld. Und als solcher, als Ungewöhnlicher wirst du schon einen Weg finden. Nun nehmen wir den Tod und den Teufel, am besten beides zusammen, als ein unzertrennliches Paar. Spielend denkst du über die Lage nach. Was ist der Tod. Das ist das Gegenstück zum Leben. Leben – was macht es? Leben lebt. Und Tod – was macht er? Tod tötet. Ein Wortspiel zunächst. Durchaus eine mögliche kleine Erkenntnis, die gerade im Begriff ist aufzugehen. Wie denn? Kann man den Tod auch töten? Ja, man kann, indem man ihn mit lauter Leben angeht und ihn so in einem Meer von Leben ersäuft. Diese Parabel in die Wirklichkeit umzusetzen, hieße: Zeige dich unerschrocken und würdevoll, dann wird sich das Ungeheuer verunsichert fühlen. Es wird den Schwanz einziehen und schleunigst von dir ablassen.

Würde das nicht damit gleichbedeutend sein, dass du den Ausweg gefunden hast. Den Tod abzuschaffen, also zu töten? Und was den Teufel betrifft: Es gibt viele davon, und sie haben es mit Geiern und Schakalen gemeinsam – sie erscheinen in Rudeln und Scharen. Also, hat ein Teufel den Weg zu dir gefunden, daraufhin erscheinen weitere Teufel. Ein Teufel mag unseretwegen auch schlau sein. Aber je mehr davon sich zusammenrotten, als desto dümmer erweisen sie sich. Spricht man doch nicht von armen Teufeln? Denn in ihrer eigenen vermehrten Gegenwart lassen sie sich von vermehrter Gier, vermehrter Eitelkeit und weiteren vermehrten schlechten Eigenschaften leiten. Ich habe bislang mit vielen Teufeln gespielt. Hab es getan, mal den Weisen, mal den Reichen, mal den Wunderheiler herauskehrend. Also, mich suchen so verschiedene Existenzen wie Bettler, Hochstapler, Möchtegernkünstler, Neo-Schamanen und sehr viele Spitzel der Stasi auf. Ich bewirte sie alle reichlich, berate sie herzlich und spiele dann mit ihnen in jede Richtung, die ihnen liegt.

Ich bin also ein Spinner und Spieler, der Spinnereien und Spielereien betreibt, ein Profi sozusagen. Zugegeben, das ist nicht ganz ohne. Aber ich pflege das leidenschaftlich gern. **Spielen mit Tod und Teufel hält den Geist sehr wach.**

Nach der buddhistischen Lehre sind wir selbst unser gefährlichster Feind.

Sich wandeln

Ich denke, so viel wie ich auch schon geschrieben habe, ich bin sicher, ich sitze noch auf einem Erzgebirge, das geschmolzen werden möchte. Ich muss nur geduldig und weise genug sein ... es in richtigen Mengen zum Schmelzen zu bringen.

Also, wenn ich an jenen Augenblick der Hellsicht zurückdenke, dann fühle ich vor mir damals auch heilige Ehrfurcht. Aber das bin ich gewesen, damals, am anderen Ende der Zeit. Mittlerweile bin ich zu einem andere, einem reiferen, weiseren Menschen gewachsen. **Jeden Tag, jede Woche, jeden Monat zu wachsen wie eine Altailärche, dennoch im Wesen derselbe einzigartige Baum zu bleiben, das ist mein Ziel.** Mich auf dem unsichtbaren, gewaltigen Weg wandeln, besser werden, Schritt für Schritt höher und weiter kommen, klarer denken, was nicht mehr taugt, weglegen und was noch taugt, mitnehmen und aufheben und dabei dem einmal gesteckten Ziel treu bleiben. Wenn ich so an mich selber denke, dann denke ich zumindest so: Naja, der alte Kerl, der ist zwar klein und alt und schwach, ist jedoch wenigstens ehrlich, wenigsten geht er immer noch unbeirrbar in die Richtung, die er sich einmal geistig ersonnen hat! Dann komme ich mir wieder einmal einigermaßen erträglich vor (lacht).

Wenn ich *Alter* in den Mund nehme, dann meine ich es lieb. Wie könnte man auch nicht lieb sein zu einem alternden Pferd, zu einem alten 1.000-jährigen Baum. Denn selbst eine Eiche wird morsch mit der Zeit. Und muss man auch mit ihr, mit jener mächtigen theutschen Eiche einsichtiger werden. Was mich selbst betrifft, bin ich ein schwacher Mensch. Habe nichts mehr als andere menschlichen Wesen. Ich habe Knochen, die werden nach 70 Jahren sicher auch morsch geworden sein, obwohl ich Gott sei Dank bis jetzt nie einen Knochenbruch erlebt habe. Nun, mein Fleisch wird auch langsam schlaffer, die Muskeln lassen auch nach, das merke ich, aber gerade deswegen muss ich auch mit mir selbst lieb umgehen, wie ich es getan habe vorher mit meinen Eltern, mit allen älteren Menschen. Doch nun kommt der Geist zutage, der Geist ist gefragt wie noch nie bisher. **Die Weisheit.**

Als Kind, als Jugendlicher habe ich alte Menschen nicht weniger als alte Bäume verehrt und in ihnen immer einen Menschenberg gesehen, in jedem von jenen oben Vergletscherten. Ein menschlicher Gipfel, ein Gletschergipfel eben, nun bin ich selber dorthin gerückt und denke: „Pass auf, mein Lieber, du bist jetzt dran und schau, dass du damit fertig wirst. Rede weniger, tue mehr!" Der Mensch hat nicht umsonst einen Mund und zwei Ohren.

Auch ein alter Mensch ist aufgefordert, mehr zu hören. Was hören heißt, in dem Falle: Ich lese, lese, lese. ... Ich denke, so viel ich bereits auch schon geschrieben habe, ich bin sicher, ich sitze immer noch auf einem Erzgebirge, das geschmolzen werden möchte. Ich muss nur geduldig und weise genug sein, das Erz, das in mir liegt, an erforderlichen Stellen und in richtigen Mengen zum Schmelzen zu bringen.

Alt werden

Ja, ja. Das Alter bringt die Schwäche mit sich, immer ein wenig zu viel zu reden und zu ausführlich zu erzählen.

Das ist das, was ich an mich als Forderung stelle: ‚Mein Lieber, du wirst alt. Und wirst immer gesprächiger, pass auf. Deine Romane nehmen an Dicke immer zu, pass auf. Andere, Bessere, verfallen auch diesen Fehler, pass auf. Du musst nicht 600, 800, 1.000 Seiten zusammenschwatzen, um eine abgerundete Geschichte von deinem Volk, von einer Familie, von einem Einzelmenschen fertig zu erzählen. Man kann sie auch auf 150 Seiten, na gut, auf 200 Seiten, und wenn das zu wenig ist, dann bestimmt auf 350 Seiten zu Ende erzählen. Mehr braucht es wirklich nicht zu sein, also merk dir das!‘

So ist das Zwiegespräch, das ich innerlich mit mir führe. Und so versuche ich auch bei Vorträgen, die ich mit der Zeit immer öfter halte, gewollt knapper auszukommen! Darum wohl heißt es bei uns: Mit jedem Jahr soll deine Ess- und Trinkschale kleiner und sollen deine Worte weniger werden.

Das ist der Grund, weshalb einer unserer Weisen nach jeder Mahlzeit seine hölzerne Schale mit dem oberen Rand gegen einen Felsen zu reiben gepflegt hat. So wird die Schale natürlich um ein kleines Stück abgenutzt und kann beim nächstes Mal entsprechend ein kleines Stück weniger fassen. Und nach jedem Gespräch hat jener immer in sich hinein gehorcht:

„Was habe ich heute an Überflüssigem geredet?“

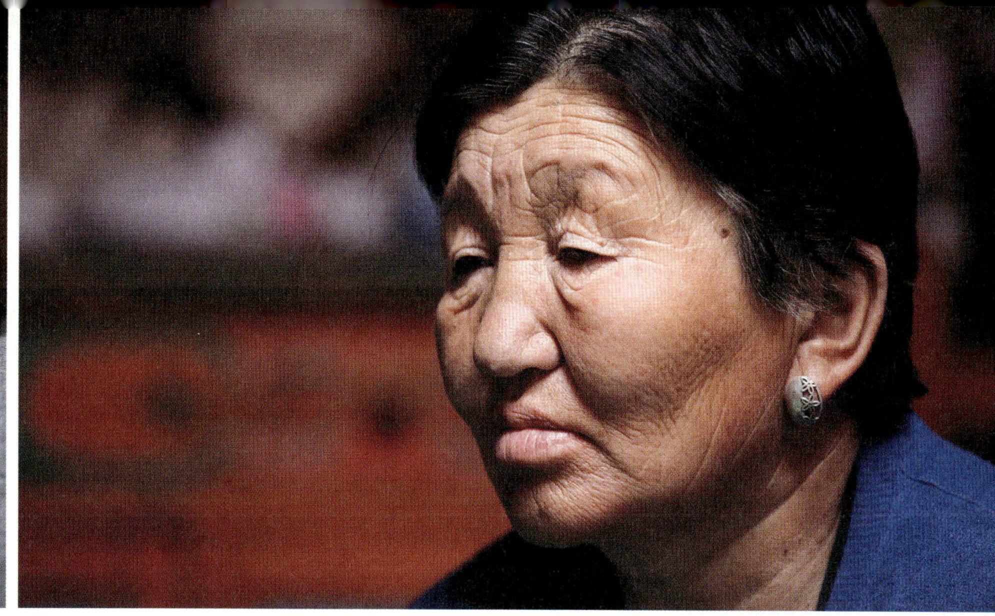

Ein wenig nach diesem Beispiel gelebt, muss ich mich manchmal streng rügen: Das und das war überflüssig, also wirst du alt und trüb im Geist! Es kommt auch vor, dass ich mich in Gedanken loben darf:

Deine Rede war im Kern richtig. Und mit einem deutlichen Schimmer Weisheit!

Was mich tröstet: Bisher habe ich zu mir selbst weniger sagen müssen: „Ach, du wirst alt und bist nicht mehr zu gebrauchen,“ als dass ich mich habe ermutigen dürfen: „Ja, so bist du noch zu gebrauchen!“ Und auch wenn ich meine Bücher hin und wieder in die Hand nehme und darin lese, dann finde ich sitzende und nicht zutreffende Worte, starke und schwache Stellen. Und dass ich das alles so zu unterscheiden vermag, ist wohl ein Zeichen, dass ich gewachsen bin. Ich wollte wohl mit 20 Jahren schon den Weisen abgeben. Das wirkt auf mich heute richtig peinlich. Andererseits aber denke ich da manchmal auch mit Augenzwinkern: ‚Aha, schon damals suchte ich nach der Weisheit!‘ Und denke: „Na gut, Alter, du warst schon damals ungeduldig, den Gipfel der Weisheit zu betreten, und nun stehst du ja fast auf dem ersehnten Boden, bist schon 70, bald werden wir noch 80, wenn der Himmel es uns gönnt, dann werden wir sogar 90, 100 und wer weiß es denn, heutige Menschen leben länger und so könntest du eines Tages als 120-Jähriger dort auf der Turmhöhe stehen, mitten in einem von Fortuna ausgewählten Häufchen neben Berlusconi und weiteren EU-Bürgern, beglotzt von so manchen mumienhaften Japanerinnen, Chinesinnen und Amerikanerinnen!“ Ja, ich bin auf die Zukunft schon sehr begierig. Spiele in Gedanken schon gern mit den Zahlen 88, 99, 108 und 120. Daher versuche ich mir einzureden: „Beeile dich nicht allzu sehr! Strenge dich nicht an, gleich alle Weisheiten auszusprechen! Lass auch ein paar davon übrig – für andere und später auch für dich!“

Sprich nicht alle Weisheiten der Welt gleich aus! Wenn es dir auch gelingt, sie mit Löffeln fressen, dann nimm bitte unbedingt einen kleineren! Auch deine Fingernägel könnten für diese letzten Weisheiten groß genug sein! Also die Weisheiten auf den Fingernagel nehmen! Da müsstest du besonders sparsam sein.

Nimm dir zuerst den rechten kleinen Finger! Dann hast du noch neun weitere übrig, die dir als Löffel dienen werden ...

Spätjungend

Ich pflege zu sagen: „Bis 59 gehört man zur Spätjugend, ihr seid alle Spätjugendliche – aber ab 60 ist man ein fertiger Mensch und ab 70 fängt die Weisheit an und ab 80 ist man ein Menschenberg und mit 90 ist man ein Gletschergipfel, mit 100 – unerhört –, das ist ein menschlicher Everest.“

Altern heißt ja zumindest für Männer, dass sie weicher werden. Die Frauen, die ich sehr liebe und schätze, die haben es schwerer. Bei vielen von ihnen habe ich erfahren müssen, dass das weibliche Wesen, das von Natur aus eigentlich so weich ist, nun abgehärtet ist. Ein abgehärtetes weibliches Wesen ist etwas sehr Trauriges. Deswegen spreche ich ältere Frauen sehr oft mit „Mädchen“ an. Unglaublich, wie sehr sich da Angesprochene freut. Die Grundweisheiten des Lebens sind gar nicht so viel, mit den zehn Fingern beider Hände könnte man sie abzählen. Ich denke für mich selbst: Langsam, langsam. Nimm dir Zeit und genieße die Verschlingungen des Lebens. Sieh, wie die anderen sie aufnehmen und damit zurechtkommen. Jetzt bist du 70 und hast immer noch 6 Fingernägel übrig, alle 10 Jahre einmal gelöffelt, und dann wieder einmal kräftig geschnipst, im Zeichen, du hast es nun endlich verinnerlicht! Und dann nehme ich mir immer in weiteres, neues Ziel vor. Ganz am Anfang wollte ich ja nur fünf Bücher schreiben, die aber bleiben würden. Jetzt träume ich von 50, 60 Büchern, was eigentlich verbrecherisch ist. Aber, was soll ich machen? Ich bin zu mehr geworden als ich anfangs gedacht habe. Ich bin größer geraten und die Möglichkeiten, die mir das Leben angeboten hat, ist dergestalt großzügig ausgefallen, dass es ein Verbrechen gewesen wäre, wenn ich da bescheiden geblieben wäre. Also, warum sollte ich den Bescheidenen spielen und die vom Leben gebotenen Möglichkeiten an mir vorbei lassen? Ich habe schon recht früh erkannt, dass wir Menschen viel mehr geistiges Licht, viel mehr seelischen Mut brauchen. Meine lieben Nomaden sind abergläubisch, die Völker, die außen, um uns herum stehen, die sind vergesslich, sind gierig, sind selbstherrlich geraten. Allüberall arbeiten auf Hochtouren die Mägen, so auch die Krallen. Sie gieren nach Fraß, nach Besitz, nach Geltung. Umso träger arbeitet da das Hirn, und deswegen ... (Telefon klingelt ... GT: „Das ist ein Ferngespräch, Deutschland, entschuldige!“ – Nach dem Telefonat, GT: „Ich werde noch gebraucht, oh Himmel, ich darf also wirklich nicht schlappmachen“ ...).

Rede ich hin und wieder vom Alter und Gebrechen und vom Tod, werde ich von Leuten getröstet, ich sei doch weder alt noch gebrechlich und der Tod stehe noch hinter manchen Zeitbergen. Und das scheint mir zu helfen. (lacht) Ein Spielchen mit der eigenen Psyche, merkwürdig, nicht wahr? Nun hast du mitgehört, wie ich mich den alten Knacker nenne? Das tue ich vielleicht, weil ich es noch nicht bin. Ich nenne mich nur so, weil ich mich selber reizen und zu weiteren Leistungen voranpeitschen will. In Wirklichkeit kann ich noch recht gut arbeiten, auch körperlich. Ich bin doch, wie du siehst, noch ganz gut beieinander, recht fest sogar, um nicht zu sagen, ein Muskelpaket. Trotzdem habe ich vorhin von meiner kühlen, knochigen Altmännerbrust gesprochen, an die sich das liebe Menschenkind gedrückt fühlen sollte. Ein weiteres Spielchen, das man sich erlaubt, um andere, jüngere zu ermutigen: Ihr habt noch viel mehr Zeit zum Leben als ich! Aber nicht deswegen allein. Es ist auch ein Selbsttraining.

Denn ich meine, um die Schmerzen des Alters und des Todes zu lindern, muss man das Alter und den Tod öfters erwähnen. Schon um sich daran zu gewöhnen. An das Unvermeidliche: Auch ich werde altern und sterben! Und außerdem, warum soll ich immer den ewig Jungen herauskehren? Alles hat doch ein Ende, die Jugend hat ihre Zeit, das Alter hat seine Zeit und ewig kann man in einem Zustand nicht bleiben. Stünde es unter meiner Macht, würde ich veranlassen, dass alle Menschen dieser Erde von Hermann Hesse das Gedicht „Stufen" auswendig lernten. Und nicht nur das allein, sondern auch, dass sie das gewaltige Gedicht jeden Morgen und jeden Abend, also zweimal am Tage, zu sich selbst laut und bei vollem Bewusstsein vortrüge! Also, ich bin ein alter Mann, bin ein sterblicher Mensch. Was mich aber tröstet, ist: So sehr mein Körper ein wenig nachlässt, so nimmt doch die Kraft meines Geistes unaufhörlich zu. **Und die große Frage ist für mich, was mit diesem unaufhörlich zunehmenden, wild wuchernden Geist nach dem Erlöschen des Körpers geschehen würde.** Und dabei glaube ich meistens nicht, dass auch er, mein so sorgfältig gepflegter und soweit gebrachter Geist, einfach erlöschen könnte. Nein, vielmehr meine ich, dass der Geist als ein unerlöschliches Energiebündel fort existieren und so den sämtlichen Bestand des Geistes der Menschheit ergänzen könnte. Es ist so klar wie noch nie, so fühle ich mich. Mit diesem Glauben wäre ich bereit, innerhalb des Naturglaubens eine Sondersekte darzustellen.

Und darum schon werde ich meinen Geist, soweit es mir gegeben sein wird, bis zuallerletzt ernähren und pflegen.

Lernen

AB: Du hast beschrieben, wie du auch dich selber beobachtest im Älterwerden. Wie kann man es schaffen, auf sich selber zu schauen?

GT: Das ist, mein Lieber, recht einfach: Ich bin mir selbst längst eines der Objekte, die ich beobachte und beschreibe.
Wobei ich meinen alternden, schrumpfenden Körper mit dessen Inhalt, der Seele und dem Geist, nimmer gleichsetzen will. Meine Seele und mein Geist sind unvergleichlich mehr als das bisschen Hülle, genannt Körper, der ausmessbar ist:
Ein Meter siebzig und fünfundsiebzig Kilo. Ich betrachte mich als einen der Grundpfeiler meines Sippenvolkes, dann als ein Mitglied des Mongolenvolkes, weiter als einen der gras- und sandzähligen Asiaten und schließlich als eine kleine Lebenzelle des Körpers der großen Menschheit. Am kürzesten: Ich bin ein Bewohner des Planeten Erde, bin ein Mensch. So fühle ich mich mit jedem verwandt, gleich, ob da ein weißhäutiger Europäer oder ein Amerikaner ist oder ein dunkelhäutiger Afrikaner. So beobachte ich mich als ein menschliches Wesen. Dabei ist mir klar: dieser Mensch, der ich bin und den ich gerade beobachte, ist auch ein Produkt der Zeit, ein Ergebnis der Verhältnisse, die in dem großen Raum, genannt All, herrschen, und er ist der Witterung der Geschichte ausgesetzt. So benenne ich mich gern als ein Stück der Hinterlassenschaft des größten der Experimente in der menschlichen Geschichte, des Weltsozialismus. **Wir haben geglüht, geflammt, gekämpft und gelitten für ein edles Ziel,** aber wir waren falsch geleitet.

Und so ist jenes Experiment fürs Erste gescheitert. Aber ich würde nie wagen zu sagen, die kommunistische, die sozialistische Idee ist für immer erledigt. Nein, sie kann schnell wieder aufkommen, wenn der Kapitalismus sich nicht verbessert, wenn der Raubkapitalismus seine Wolfsnatur nicht wenigstens ein wenig zügelt, wenn er nicht aufhört, die Menschheit weiterhin ins Dunkle zu führen, anstatt sie aufzuklären. **Und ich betrachte mich auch als eine Quersumme von Schwächen und Stärken der Menschheit und deswegen kann ich mich mit Abstand betrachten, von oben, von der Seite. Manchmal mit ein bisschen Wut, aber häufiger mit Mut.**
Also, wenn ich mich so anschaue, dann bewundere ich mich manchmal, mein gewesenes Leben. Wie ich die Karawane gelebt habe, wie ich den Weltkommunismus überlebt habe, obwohl ich ja ein Kritiker, ein ganz offener Kritiker dieses Systems gewesen bin. Also ich erkläre das heute so: „Du warst jung und dumm." Heute würde ich das nicht wagen, heute hätte ich Angst. Der Sozialismus war ja so gruselig-grausam, so gefährlich-gewalttätig. Die ganzen militärischen Kräfte und das ganze Polizeiwesen, der ganze große starke Staatsapparat, das Beamtentum, fett und satt und feige, bereit, dem Diktat zu dienen, nicht aber der Wahrheit und der Gerechtigkeit.

Glück

AB: Wenn du vor deinem inneren Auge exzellente Augenblicke in deinem Leben Revue passieren lässt – was sagst du dir dann: „Da war ich ganz mit mir eins" oder: „Ich hätte platzen können vor Stolz" oder was auch immer – wenn du mal auf diese innere Reise gehst und solche Bilder oder Szenen vor dir siehst und meinst: „Ja, das war ein wunderbarer Lebensaugenblick", was waren da für dich exzellente Glücksmomente?

GT: Oh, wie umständlich das formuliert ist! Ob mein mongolides Hirn überhaupt imstande ist, solches zu kapieren. Und erst recht, darauf eine wenigstens halbwegs befriedigende Antwort zusammenzukehren. Nun gut, lass mich einfach in die Großrichtung fahren und erzählen. Die Antwort, die dein europides Hirn braucht, müsstest du dann aus den vielfachen Scherben, die ich gewiss hinterlassen werde, selber zusammenflicken, nun mit echt germanischem Mut und deutschem Geschick.

Die Antwort, die dein europides Hirn braucht, müsstest du dann aus den vielfachen Scherben, die ich gewiss hinterlassen werde, selber zusammenflicken, nun mit echt germanischem Mut und deutschem Geschick.

„Wahnsinn, die Karawane ist zu Ende, und ab morgen ziehen wir nicht mehr!" Dann fing er an zu weinen.

Glück

Da denke ich wieder einmal an die Karawanenwochen und -monate. Sie bestanden aus 105 Tagen und Nächten. **Da waren wir unterwegs, miteinander verschweißt, ein Körper und eine Seele – die Karawane und ich.** Wenn ich mir die in jener Zeit gedrehten Filme anschaue, dann bin ich von dem Menschen, der damals ich gewesen, schon schwer beeindruckt. Denn seine Stimme klingt voller Zuversicht, sein Körper wirkt voller Energie. Der wieselflinke, spritzige Mann in noch besten Jahren stürmt durch den Tag, voller Tatendrang. In der einen Hand die Peitsche und gleich darunter am Gürtel den Häuptlingsdolch und eben an diesem festgezurrten Gürtel an der anderen Seite das Feuerzeug, das scheint, nicht mehr aus unserer Zeit zu sein. Schon seine Selbstsicherheit ist ansteckend. Erstaunlich, wie er mit einer Masse von anfangs so trägen Menschen und wilden Kamelen und Pferden umgeht und sehr bald sie dazu bringt, als wohlgeordneter Zug wie an einem unsichtbaren Strang in eine Richtung ziehen zu lassen. Unverkennbar, wie sich die Bilder im Laufe von nur Tagen und Wochen ändern: Wie lauter Einzelwesen von Menschen, Kamelen, Pferden, Hunden und Katzen sich zu einer Gemeinschaft zusammentun, die nur ein Ziel hat: die Anstrengungen zu bestehen und fortzuziehen.

Und wunderbar, dass alle Teilnehmer die harte Prüfung des Umzuges auch bestanden haben, das Menschenvolk ab etwa der Mitte des langen, langen Weges von der Mission begeistert war und ganz zum Schluss, am erreichten Ziel reichliche Tränen flossen, nicht allein aus Freude, sondern auch aus Trauer darüber, dass ein Abenteuer, das keiner in dieser Art hat vorher erleben dürfen, zu Ende ging. Das Merkwürdige daran, dass der Auslöser zu dieser kollektiven Wehleidigkeit ausgerechnet von einem Europäer war, der eigentlich zur Scheu vor derartigem Gefühlsausbruch erzogen sein dürfte. Nachdem der Zug das Ziel erreicht hatte und alle verdutzt und sprachlos um den Owoo auf dem Haaktyg Gertii herumstanden, der (...) die Schwelle unserer großen Jurte des Hohen Altai war, entfuhr es dem Kameramann Rainer Kling: „Wahnsinn, die Karawane ist zu Ende, und ab morgen ziehen wir nicht mehr!" Dann fing er an zu weinen. Da folgten ihm andere, alle.

Das Gefühlsmeer, das in dem Augenblick meine Brust erfüllte, das muss es gewesen sein, das Glück!

All in Einem

Also, wenn so ein Holzscheit brennt, wenn ich dessen Duft einatme, wenn ich dem Licht der Flammen zuschaue und wenn ich dem dabei entstehenden Geräusch zuhöre, dann denke ich, nun Bruder Baum, du gehst deinen letzten Gang. Es wird jetzt Rauch geben, es wird jetzt Hitze geben, es wird Asche zurückbleiben und vielleicht auch ein Stück Kohle. Ich rede mit dem Baum, meine Gedanken sind an den Baum gerichtet, aber nicht unbedingt an diesen vergehenden Baum dort vorne, sondern auch und vor allem an den Baum in mir. In jedem Mensch ist ja so ein Baum. Auch ich werde diesen letzten Weg gehen, und zwar bald. Was sind zehn, zwanzig, ja selbst fünfzig Jahre, verglichen mit der Erdgeschichte? Das sind ein, zwei Augenblicke lediglich.

Ich möchte auch so hell brennen wie du. Ich habe im Leben gebrannt, **ich war begeistert. Mein ganzes Leben habe ich voller Begeisterung gelebt: begeistert, begeistet, beseelt, belebt. Ich war ständig tätiger Körper, leuchtende Seele, flammender Geist.** Irgendwann wird die Stunde *zu gehen* kommen, und ich darf mich dann bis zum nächsten Reiseauftrag in ein neues Leben erst einmal ausruhen. Aber was wird mit meinem leblos gewordenen Körper passieren? Deswegen die Erde verwunden? Ein Grab in den Erdkörper hineingraben, um die Verpackung meines Geistes und meiner Seele zu verstecken? Vielleicht.

Aber lieber wäre es mir, dass ich verbrannt werde in einem Krematorium. Ulaanbaatar verfügt inzwischen sogar über zwei Krematorien, eines im Osten, eines im Westen. Ich habe dort gesehen, wie menschliche Hüllen verbrannt wurden. Auch meine Frau ist verbrannt worden. Das ist viel sauberer, als in die Erde graben, auch müheloser für die Hinterbliebenen, wenn auch teurer. Wir Nomaden übergeben ja nur die besten Stücke von unseren Lebensmitteln und Gebrauchsgegenständen den Flammen, etwas Schmutziges darf nicht ins Feuer kommen, denn **das Feuer ist heilig. Der Feuergeist ist der ranghöchste unter allen Geistern.** Zuerst opfert man dem Feuer und dann der Reihe nach weiteren Geistern, also ist ein menschlicher Körper, den wir heute in einem Krematorium verbrennen, im weitesten Sinne des Wortes eine Opfergabe. Und da erhält man nach zwei Stunden die Asche des Gegangenen. So war es jedenfalls mit meiner lieben, armen Frau. Eine kleine, saubere Urne war es, die wie in die Hand gedrückt bekamen. Wir haben sie unter einen Baum gebracht. Hier gleich hinter dem Haus wächst eine Föhre und da drunter schläft und ruht meine Frau. Und daneben rechts ist mein Platz vorgesehen, wenn es so weit sein wird mit mir, werde ich auch verbrannt und ein Teil der Asche wird dort mit unter eine Zeder kommen. So werden wir zwei gewesene Menschenkinder, als zwei Baumwesen nebeneinander dastehen, der Witterung ausgeliefert, bei Kälte, bei Hitze, bei Regen, bei Wind. Und ein Teil von meiner Asche wird zurückgehen in den Altai zum Vater, zur Mutter und zu den Geschwistern und da wird symbolisch auch eine kleine Urne in die Erde kommen mit Beschriftung. Also das im Voraus zu wissen, das verschafft einen gruselig schönen Genuss. Wenn hiesige Städter heute, die offiziell als Buddhisten gelten und auch die verehrten Christen, es fertigbrächten, so weit und so tief in die Sache hineinzudenken und wenn sie es fertigbrächten, so bewusst mit dem Werden und Sterben im All umgehen zu können, dann wäre es ihnen gegeben, mit dem All zusammen

zu atmen und den großen universalen Atemzug ziehen zu dürfen. Dann würde die Angst der Menschheit vor dem Tod wesentlich geringer werden.

„Wir sterben, wir sind immer noch da.
Ich war Mensch, ich werde Baum.
Ich war Mensch, ich werde Steppe.
Ich war Mensch, ich werde zu Staub.
Und der Staub wird sich wieder formen
zum Stein, zum Felsen, zum Berg.
Ich bin immer da." J. W. von Goethe

Das stammt übrigens von dem großen deutschen Dichterschamanen Goethe. Und wer solches niederzuschreiben imstande, dürfte recht genau Bescheid gewusst haben in Sachen Werden und Sterben.

Wen es gruselt vor dem eigenen Tod, der sollte wenigstens Goethe lesen, und wer ihn dann auch liest, wird auch in dieser mit so vielen Ängsten verbundenen Sache aufgeklärt sein. Und der andere große Deutsche Beethoven, der Tonschamane, dieser trotzige und gewaltige Geist, der hat sich gegen so viele Widernisse den Gipfel des Schöpferruhmes ertrotzt. Nun hängen die beiden Gipfel des Geistes in der weiten mongolischen Steppe in meinem kleinen Arbeitszimmer und dienen der Menschheit weiter. Denn was aus mir kommt, das geht ja wieder an den Geistesbestand der Menschheit zurück. Und damit schicke ich letzten Endes sanfte, belebende Brisen, kleine, nahrhafte Tropfen an die Meere und an die Steppen und an die Berge des Universums.

Wir können sterben und auch sonst was werden, aber entrinnen können wir der Schwerkraft des Lebens nicht, der Schwerkraft des Universums nicht, der Erde nicht.

Wir bleiben hier drin, in einem großen Gefäß, so wie kleine Reiskörner, die in einem riesigen Kessel köcheln, mal hier mal da. Ein Reiskorn kann zerfallen, sich zu Brühe auflösen, angeblich flüssig werden, bleibt jedoch immer und immer noch drinnen.

Und da denke ich an die Unvernichtbarkeit der Materie. Die Erfinder dieser philosophischen Idee haben recht, wir sind nie und nimmer zu vernichten, nie und nimmer zu vertilgen, werden immerfort da sein. Also im weitesten Sinne des Wortes sind wir unsterblich. Denn die Menschheit wird fortexistieren. Gewiss, wenn wir uns irgendwie nicht selber ausrotten. Der Planet wird fortexistieren, hoffe ich, noch lange, lange, lange. Und darum rede ich von mir, wenn auch augenzwinkernd, von mir selber als vom Planetenretter. Ich brauche weitere Retter unseres schönen Planeten. **Das Dasein ist schön, wunderbar. Aber da muss man, um das behaupten zu können, um das erfühlen zu mögen, um das erleben zu dürfen, muss man ein bisschen schärfer sehen.** Diese Hellsicht, dieser Scharfblick fehlt vielen Menschen und dafür gibt es ja Bücher. Meine Bücher, meine 60 Bücher, die ich der Menschheit zurückzulassen vorhabe, die kleine nomadisch-schamanische Steppen-Bibliothek, die ich zu hinterlassen gedenke, die wird ganz gewiss eine kleine Sonderabteilung in der großen Bibliothek der Weltliteratur bilden und bleiben. Also bin ich getröstet. Bin daher nicht traurig, dass ich immer älter werde.

„Ich bin Leben, das leben möchte, inmitten von Leben, das leben möchte." Albert Schweitzer

Ich bin mir im Großen und Ganzen mit mir selbst einig. Ich achte mich, ich ehre mich, ich verehre mich. Nur dann, wenn ich etwas ganz Falsches gemacht hätte, würde ich mich verachten. Aber bis jetzt ist solches nicht gewesen. Ich bewege mich zäh und ständig vorwärts, wie man es jetzt europäisch so formulieren würde. Aber, ob ich vorwärts gehe, weiß ich nicht. Bis hier und heute alle Prüfungen vor mir selbst bestanden. Oh, da sind schon harte, schwere Prüfungen gewesen – vor meinem Stamm, vor meiner Familie, vor jedem Mitglied meiner Sippe und auch noch vor der großen Außenwelt. Also in der heutigen Welt der Konkurrenz werden oft und gern Wortkeulen gebraucht. So schwinge ich nun, um einfach überzeugend zu wirken, so eine Wortkeule:
Ich schwitze gern für Volk und Vaterland! Nun gut, Himmel, was ist Volk, was ist Vaterland, was ist die sogenannte große Aufgabe? Ich bin nur ein Lebewesen, das gerne Leben will. Da muss ich also zu dem alten Albert Schweitzer zurückkehren: „Ich bin Leben, das leben möchte, inmitten von Leben, das leben möchte." Das ist der Grundausgang. Zunächst will ich für mich Leben. Ich habe nie vorgehabt, für den Planeten etwas Großes zu leisten. Der Planetenretter – das ist später aufgetaucht. Dies ist übrigens immer ein bisschen selbstneckend.

Für mich ist die Welt, das All ein Ganzes, ein ganz Rundes und ein sehr Erträgliches ... und Friedliches, Friedfertiges. Trotz allem. Ein Werden, ein Laufen, ein Wachsen und ich als Splitter von diesem großen heiligen Wesen fühle mich als kleines Wesen eigentlich mit allem und allen und somit auch mit mir selbst eins. Um den großen Frieden zu finden, muss man zunächst in den Frieden mit sich selbst kommen.

noch drei Geschichten

Kinderschamane

Die Schamanerei zunächst als Spiel, wie alles andere im Leben eigentlich auch. Der Schauplatz des Spiels war die Steppe. Und Teilnehmer waren alles Kinder. In dem Sinne: Sie lernten spielend das Leben. Jedes Spiel war ein ernstes Spiel wie alles, gleich, was sie sich auch vornahmen. Ein jedes der Spiele hatte einen ernsten Kern. So nun auch hier, mit der Schamanerei. **Ich war ihr Anführer.** War der Kinderschamane. Meine Mitspieler sind jene Kinder, die sich gerade in der Steppe aufhalten. Vor allem die Hüter der Herden ringsum. Dann die angehenden Jäger. Dann die Sammler von Brenndung und weiteren Gaben der Erde. Auch kamen solche hinzu, die von dem, was bevorstand, irgendwie was gewittert haben müssten. Und das war vor allem später so. Also festigte sich mit der Zeit eine gewisse Gemeinschaft. Alle kamen zusammen und setzten sich um mich herum und fragten mich. Es waren meistens gezielte Fragen. Der eine hatte sein Pferd verloren und war seit Tagen auf Suche danach. Also war er, der plötzlich

ohne Pferd zu leben und alles zu Fuß zu erledigen hatte, wie ein Verlorener. Das ist natürlich in dem Falle eine sehr wichtige Sache. Wenn heute einem das Auto kaputtginge, seit Tagen hat er kein Auto mehr, das dürfte ihn sehr stören, nicht wahr?
Und ich schamante und orakelte, mit dem, was mir am nächsten stand. Meistens mit meiner Spucke. Sammelte sie im Mund zu einem Kügelchen und ließ dieses auf die Innenfläche der linken Hand fallen. Dann sagte ich, an alle gerichtet: „Passt gut auf!" Und nachdem ich mit geschlossenen Augen und mit angehaltenem Atem meine Gedanken eine kurze Weile gesammelt hatte, holte ich die Rechte drei, vier Handspannen weit aus und schlug mit zwei ausgestreckten und zwei zusammengelegten Fingern, mit dem Zeigefinger und dem Mittelfinger, kräftig auf die Spucke. Fragte dann die Runde: „Wohin ist es gesprungen?" Aus mehreren Mündern teilte man mir mit, wohin es gesprungen war. Dahin streckte ich auch einen Arm aus und sagte: **„Suche dein Pferd in der Himmelsrichtung!"**

Manchmal traf es zu. Nun egal, das alles wurde dann in den Jurten erzählt, die Kinder hatten dann ja was zu erzählen, die sagten dann: „Heute hat der jüngste Sohn von dem Onkel Schynykbai draußen bei der Herde schamant und dann nach dem verschollenen Pferd von dem und dem orakelt und gesagt dies und das."
War das Pferd wirklich dort gewesen, dann galt es als ein Großereignis. „Kaum war die Aussage gefallen, ist das Pferd auch gefunden worden!" Und wenn es aber mit der Aussage nicht gestimmt und der Erzählende etwas schadenfroh gelacht hatte, dann bekommt er den Tadel: „Schäm dich, du bist viel älter als er. Noch ist er ja ein kleiner Junge, er ist erst dabei zu lernen. Pass auf, aus ihm wird eines Tages ein großer Schamane!" Aber wenn das nun der Fall gewesen wäre, dass meine Aussage zugetroffen hätte, dann hätten dieselben Eltern etwas in der Richtung gesagt:
„So klein und schon so toll, passt auf, aus ihm wird eines Tasges ein ganz Großer!"

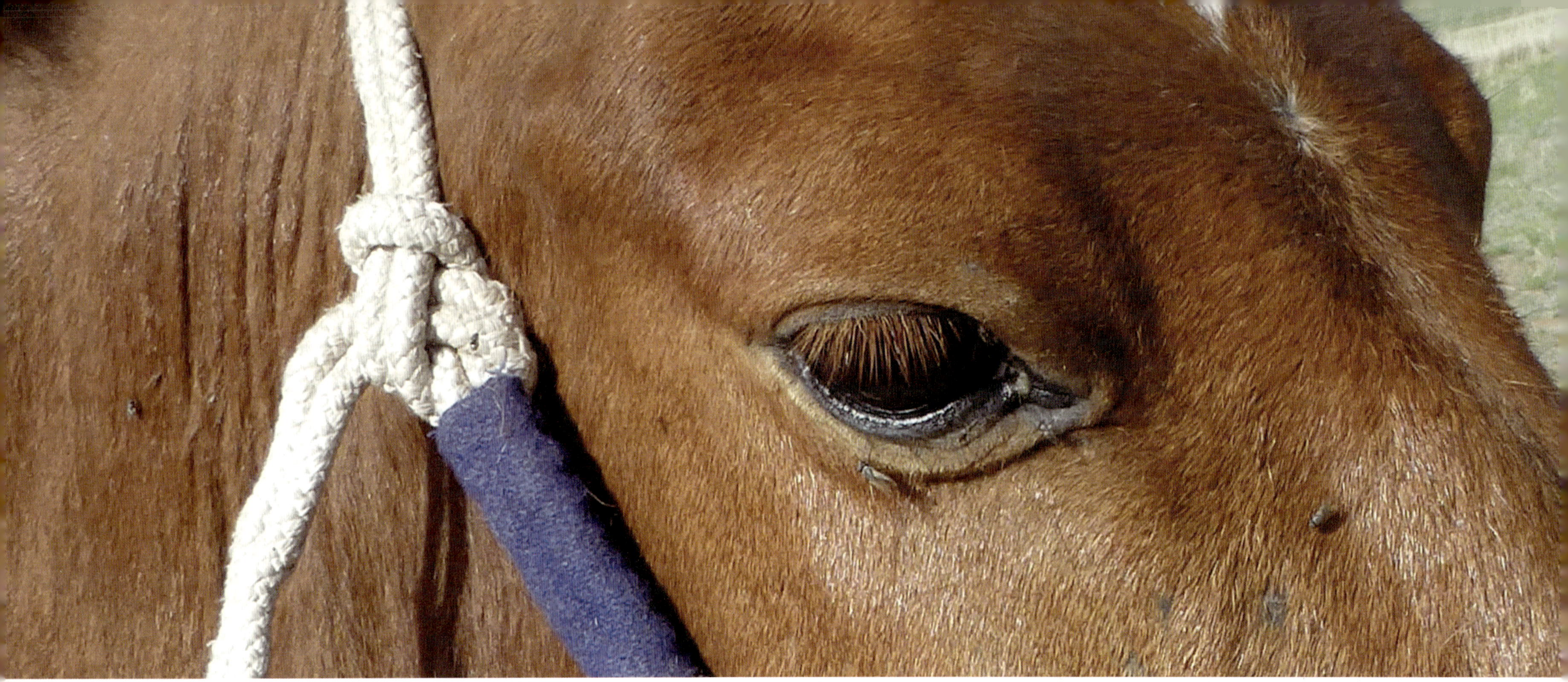

Das eigene Pferd schlachten

Jedes Mal wenn wir ein Leben vernichten, bitten wir das Leben, das Wesen, dem das Leben gehörte, um Entschuldigung.

Also, wenn ich einen Hirsch abschießen müsste, muss ich unbedingt den Hirsch in Gedanken bitten. Erst gut abgezielt und dann in Gedanken verzeihen. Nicht ich bin es, der euch das Lebenslicht auslöschen will, es ist das Ungeheuer in mir, der Magen, der Futter braucht. Das sind auch meine Kinder, ich muss meine Kinder ernähren und die brauchen Fleisch. Also verzeiht, ich werde versuchen, dass ich euch nicht zu viel Schmerzen bereite. Gut gezielt, abgedrückt. Dann hat man schon ein anderes Gefühl. Oder wenn ich ein Pferd schlachte, mit dem ich 20 Jahre gelebt habe.

Ein Mensch braucht im ganzen Leben drei Pferde, darum heißt es in einem Gedicht: „Ich bin auf die Erde gekommen für drei Pferdeleben." So ungefähr. Aber ganz Glückliche bekommen sogar die Zeit für ein viertes Pferdeleben geschenkt. Wie töte ich nun das Pferd? Das eine ist: Ich darf dem Pferd, das ich schlachten will, auf keinen Fall das Messer zeigen. Das andere ist: Der Altai ist sehr steinig und hart, also werden erst einmal alle Steine weggelesen, genau an der Stelle, wo das Pferd, der Pferdeleib hinfallen wird. Und sobald das Pferd beginnt zu fallen, bekommt es wenigstens unter seinen Kopf eine weiche Decke. Schnell wird ihm eine Satteldecke untergeschoben, dann wird es gut gefesselt. Jemand hält den Pferdekopf in eine bestimmte Blickrichtung, so dass es die anderen Menschen, die von hinten kommen, nicht sehen kann. Die Augen müssen zugebunden werden.

Das Messer muss scharf sein, spitz. Zuerst wird mit der Fingerkuppe der Nacken abgetastet. Dort ist eine Kuhle und direkt dahinter das Knochenmark. Das Schwere ist nun, zu zustechen! Aber das Gute ist, das Pferd ist so empfindlich, sobald die Messerspitze die Haut, die braune Haut vom Rückenmark erreicht, ist es längst bewusstlos. Bei Yaks dauert es lange, da kannst du denen das Rückenmark durchgeschnitten haben, wenn du willst, kannst du einem Yak den Kopf abschneiden. In der Zeit lebt es immer noch. Es kämpft. Das ist ein gruseliger Kampf mit dem Tod. Aber bei dem Pferd ist das nicht der Fall, sofort ist es weg. Wie tief narkotisiert liegt das Pferd und du sitzt als Besitzer daneben und darfst jetzt kleine Tränchen heulen, wenn nicht sichtbar, so doch unsichtbar. **Das ist immer ein sehr großes inneres Drama, wenn man sein eigenes Pferd schlachten muss.**

Die Volksweisheit sagte, ein gutes Pferd soll man beizeiten schlachten. Es ist für das Pferdewesen eine Beleidigung, wenn man es gealtert und geschwächt unter Mühsal sieht. Ein fliegendes Wesen, wie das Pferd, wie der Adler, die müssen enden im Flug. Normale Pferde können wir bis zum 25. Lebensjahr halten, es gibt Pferde, die mit 30 Jahren immer noch laufen. Aber so ein gutes Pferd, das ich sehr liebe, muss ich spätestens mit 20 Jahren schlachten. Und dann ist das eine Quelle für Geschichten, so einen Pferdekörper zu haben, tiefgefroren in der kalten, mongolischen Winterszeit. Gut zerlegt und tiefgefroren habe ich einen Hügel von Fleisch und jeden Abend kommt ein kleines Stück in den Kessel. Und wenn ich das Fleisch esse, denke ich an die Zeit, die ich mit diesem Pferd verbracht habe. Und wenn ich dann noch Kraft und Lust habe, dann werde ich meinen Kindern, meiner Frau, meinen Gästen erzählen, was für ein geschichtsträchtiges Fleisch wir in unseren Händen halten, das wir essen.

Ich esse meine Vergangenheit, ich esse mein Leben, ich esse meine Wege, ich esse meine Jugend, ich esse meine Fehler, aber ich esse auch meine Siege, meine Niederlagen, meine Weisheit, den Preis, für den ich eine Weisheit erlangt habe.

Dolle Kerle

Heute vor 10 Jahren wurde ich mit dem Bundesverdienstkreuz geehrt. – Damals in Leipzig: Meine Frau kommt aus der Mongolei und meine Kinder, die in Deutschland gerade waren, zwei von ihnen, kommen. Sohn Galtai mit Freundin. Also wir sind eine fünfköpfige Delegation, wir sind alle nach Möglichkeit fein angezogen und der nomadischen Sitte treu, mit einer Silberschale mit Milch und dem blauen Hatag, dem Segenstuch, werde ich von der eigenen Familie beglückwünscht. Und auf der Bühne bekomme ich den Orden angeheftet von der Vizepräsidentin des deutschen Bundestages, von Frau Dr. Antje Vollmer. Große Ehre, ich bin ziemlich aufgeregt und dann will ich von der Bühne

„Mir dollen Kerle brauchen mehr dolle Kerle wie mir."

runtergehen. Ich komme runter, da steht schon der erste Journalist. Ein großer Zwei-Meter-Kerl, ein großer breiter Kerl, und ich klein und genau vor ihm. Er groß und stabil vor mir, versperrt mir den Weg und steckt mir, so glaube ich, sein Mikrofon fast in den Mund, **„Herr Tschinag, wofür haben Sie den hohen deutschen Orden bekommen?"** Ja, was soll man dazu sagen so schnell? Ich bin so aufgeregt, weiß gar nichts dazu zusagen, bekomme wieder einen Schreck. Mit dem Blick nach oben höre ich mich sagen: „Weil ich ein toller Kerl bin!" Und der Journalist fängt an zu lachen und kichert, kichert und nach einer Weile, nachdem er sich endlich beruhigt hat, sagt er: „Jetzt im Ernst Herr Tschinag, wofür haben Sie das Bundesverdienstkreuz bekommen?"Jetzt bin ich ruhig und kann damit spielen und sage:

„Tja, mein Junge, wenn ich das nur wüsste." – Das Interview ist zu Ende, ich bin gerettet. Später habe ich dieses rettende Wort ein bisschen ausgebaut. Und da ich in Leipzig studiert habe, ist das ja die Mutter-Stadt meines Geistes. Dort habe ich die europäische, neuzeitige Bildung bekommen. Mit Leipzig fühle ich mich so wunderbar verbunden, dass ich leicht geneigt bin, leicht, ein bisschen zu sächseln, obwohl wir als Studenten es nicht durften. Ich baue den Satz so aus: „Mir dollen Kerle brauchen mehr dolle Kerle wie mir."